岩下宣子 監修

「感じのいい人」がしている大人の気配り

PHP

こんなときどうする？

大人の女性の気配り

人とのおつきあいや公共の場、お店で感じる「こんなときどうすれば？」の疑問。本書では、大人の女性が実践する周囲への気配りを紹介します。

❶ 身近な人へのちょっとした気配り

訪問先で苦手なお菓子が出されたとき、角が立たない断わり方は？

「食事してきたばかりなので」と言って断われば、相手を不快にさせない

くわしくは58ページ

❷公共の場での気配り

路上で配られているティッシュ。ほしいけどもらい損ねたら？

「わたしにもいただけますか？」と気軽に声をかけよう！

くわしくは93ページ

❸お客様としての気配り

洋服屋で見たい棚を人にふさがれていたら？

様子を見た後、「前を失礼します」とひと声かけて商品を取る

くわしくは138ページ

はじめに

人への気配りは、自分のためにもなる

人生のほとんどの悩みは、人間関係といわれています。「人」という字は、人がおたがいに寄り添っているのを表わすように、人と人は支え合って生きています。人類が長く生き残っているのは、おたがいに支え合ってきたからともいわれています。相手の立場に立って考える思いやりの気持ちが、人類を救ってきたのかもしれませんね。

「愛とは、理解の別名なり」と言ったのはインドの哲学者で、詩人でもあるタゴール。「なぜ、この人はこのような考え方をするのだろうか」と理解することが愛なのです。

相手を理解しようと努力し、相手の立場になって考えるとき、わたしたちの脳は活性化するという説があります。日本古来のことわざにも、「情けは人のためならず、巡り巡って己が身のため」とありますね。人を思いやると〝気配り〟が生まれ、〝気配り〟ができると相手に〝気遣い〟ができ、〝気働き〟ができるようになります。

最初のうちは気配りをしたつもりでも失敗するでしょう。失敗は成長の元。失敗してもいいのです。この本で気配り、人をもてなす先人たちの知恵を学ばれて、皆様の毎日が、イキイキとしたものになることを願っています。

マナーデザイナー　岩下 宣子

「感じのいい人」がしている大人の気配り
もくじ

こんなときどうする？
大人の女性の気配り……2
〈はじめに〉
人への気配りは、自分のためにもなる……4

パート1 身近な人へのちょっとした気配り

近所のつきあい

指定日以外にゴミを出す人には
角が立たない声かけを……12
人のうわさ話や悪口には加わらない……14
近所への苦情は「おたがい様」の精神で……15
引っ越しのあいさつは大家さんにも……16
引っ越し業者への心づけは1000円ほど……18
町内の行事に不参加のときはお詫びを……19
おすそわけは相手の負担にならないように……20
長期間留守にするときは近所の人に伝える……21
旅行のたびに過度におみやげを渡さない……22
大病院で近所の人を見かけても詮索しない……23
セールスやビジネスの依頼ははっきり断わる……24
人の年齢や職業を聞くのはマナー違反……25
布団たたきやバーベキューは周囲に配慮を……26

ママ友

子どもを預かるときは、おやつに気をつける……28
子どもが夕食に招かれたら
できる範囲でお礼を……30
他人の子どもには、なぜ悪いのかを
伝えて叱る……31
子どもの誕生日会には手ぶらと伝えて招待……32
子どもの発表会には友だちの家族も招待……34
他人の子どもがものを壊したら親に伝える……36
ママ友の集まりを断わるときは、
事情の説明を……37
長電話を切りたいときは
自然な理由を伝える……38
友だちが来るのを断わるときは
家族を理由に……39
子どもどうしのけんかに口をはさまない……40

チャイルドシートがないときは子どもを乗せない……41

学校関係

学校の先生への贈り物はクラス単位で……42
引き受けられない役員は無理に受けない……43
運動会や発表会はさりげないおしゃれで……44
担任や学校へのクレームは相談形式で……46
部活動などへの差し入れは話し合いで決める……48

訪問や来客

子どもの訪問を断わるときは、明確に伝える……50
手みやげは訪問先の近くで買わない……52
電話よりも玄関のチャイムを優先する……54
悪天候の日の来客には、タオルを用意する……55
靴下がぬれたら、履き替えて家に上がる……56
訪問先のペットが苦手なら正直に伝える……57
苦手なものを出されたら「食事したばかり」と言う……58
長居のお客様にはさりげなく帰りを促す……60
喫煙者が来訪するときは、換気して準備を……62

贈り物

品物を受け取らない場合は手紙を添えて返送……63
お中元の品物が不良品だったら販売店へ……64
お金の貸し借りは返済期限を明確に……66
借金の申し込みを断わるときは、事情を説明……68
ものが返ってこないときは、さりげなく催促……69
借りたものをなくしたら、購入して返す……70
不幸での結婚式の欠席は、理由をあいまいに……71

義理の両親

高齢者に運転をやめさせたいなら、家族で協力を……72
義父母の部屋の掃除は本人にまかせる……73

ペット

ペットを飼うときは近所の人に伝える……74
屋外でのブラッシングはマナー違反……76
ペットのクレームは飼い主に直接しない……78

もっと気配り上手に
贈り物選びのポイント……80

パート2 公共の場での気配り

乗り物
電車内では必要以上に場所をとらない……82
混雑した電車では、傘を体の正面に立てる……84
満員電車では、長い髪はまとめる……85
うとうとして隣の人にもたれたら謝る……86
子どもが泣きやまないときは、いちど下車を……87
指定席に他人がいたら、座席を確認してもらう……88
駅で困っている人がいたら声をかける……89

道・街中
落とし物をした人には落としたものの名前を伝える……90
道案内をするときは公共物を目印に伝える……91
ビラは笑顔で会釈して断わる……92
配られているティッシュは、もらいに行ってOK……93
しつこいキャッチセールスは、はっきりと断わる……94
前を歩く人に声をかけて道を空けてもらう……95
服にゴミがついた人を見たら、声をかける……96

エレベーター・エスカレーター
エレベーターのボタンは積極的に操作する……98
エスカレーターでは片側を空ける……99

順番待ち
行列に並ぶときは、その場ごとのルールに従う……100
列に割り込まれたら、最後尾を示して指摘する……101

携帯電話
相手に、電話していいか聞いてから話す……102
歩きながら携帯電話の画面操作をしない……103
人を撮影するときは相手に許可をとる……104

お手洗い
トイレの順番待ち、個室ごとに並ぶのは×……105
混んでいたら多目的トイレを使ってOK……106
トイレットペーパーは三角に折らなくていい……107
手を洗う人には、化粧直し中でも洗面台を譲る……108
トイレで歯をみがくときは、周囲への配慮を……109

公共浴場・更衣室
公共浴場の脱衣所では自分の髪の毛を拾う……110
洗い場を使い終わったらきれいにする……111
脱衣所から洗い場までは前を隠して歩く……112
更衣室や脱衣所へは体を拭いてから戻る……113
病院
病院内で「ひそひそ話」はNG……114
もっと気配り上手に
お祝いで渡す金額のポイント……116

パート3 お客様としての気配り

スーパーマーケット
商品を取るときは棚の手前から……118
レジに並ぶとき、かごを足で押すのはNG……119
レストラン
席を替えたいときは
クッションになることばを添えて……120
コートはテーブルのそばに行く前に脱ぐ……121
注文とは別の料理が来ても、やさしく伝える……122
トイレに行くときは、料理と料理の合間に……123
食事のペースは同席者に合わせて……124
自分が支払うときには、化粧室をすすめて……125
クレームはお店の人にこっそり耳打ちする……126
落とした食器は自分で拾わない……127
ビュッフェでは食べる料理の順番を意識する……128
並べられた料理は端から取る……130
ビュッフェでは、皿に載せる品数に注意……131
同席者の分まで料理を取らない……132
同席者がいても列に割り込むのはNG……133
同席者といっしょに食べはじめる……134
料理を取りに何度も席を立つのは○……135
皿に紙ナプキンを置けば
下げてもらえる……136
食べ終わった皿を重ねるのはマナー違反……137
洋服店
棚の前に人がいたら、
ひと声かけて商品を取る……138
案内のしつこい店員は笑顔＋お礼でかわす……139
服を買わないときは
「イメージと違った」と伝える……140

ヘアサロン

美容師を変えたいとき、ほかの人にしていいか聞く……141
髪型が気に入らなければ具体的な指摘を……142
マッサージを断わるときは理由を伝えて……143
特定の雑誌を読みたいときは、雑誌名を伝える……144
美容師との会話は「ありがとう」などからスタート……145

劇場・美術館

連れが遅れて来る場合は受付にチケットを預ける……146
コンサートで遅刻をしたら、案内係に従う……148
左右の肘掛けを使うときは隣の人を見て判断……149
映画のエンドロール中に退席するのはOK……150
劇場やコンサート会場での内容批判はNG……151
美術館などでは1か所に長く立ち止まらない……152
演奏や演技の最中に声を出して場を乱さない……153
出演者へのプレゼントは食べ物がNGのことも……154

家具・家電量販店

イスの座り心地を試したいときは店員に断わる……155

病院

受診するときにマニキュアや香水は×……156
事前に了解を得てからお見舞いに行く……158
介護施設訪問はスタッフと入居者への配慮を……159

〈参考文献〉

『おつきあいのマナー、服装、お金の本　これだけ知っておけば大丈夫　冠婚葬祭の「こまった！」がわかる』岩下宣子　監修（成美堂出版）、『女性のための美しいマナーBOOK』井垣利英　監修（新星出版社）、『絵で見て覚える　おつきあいのマナーと常識』美しいマナーと所作を考える会　編（日東書院本社）、『大人の気くばり＆マナー950』岩下宣子　監修（永岡書店）、『こんなときどうする？　最新マナー55』綜合社　編（集英社）、『知っておきたいお母さんのあいさつ・手紙・マナー』新星出版社編集部　編（新星出版社）、『これからはこう考えましょう　センスアップマナー事典』近藤珠實　著（日本文芸社）、『日本人の新作法』辰巳渚　著（幻冬舎）

パート
1

身近な人へのちょっとした気配り

近所の人やママ友、学校の先生など、身近な人への気配りを紹介します。また、自分が他人の家を訪問したり、逆に来客があったりしたときの「こんなときどうすればいい？」という疑問も解決します。

指定日以外にゴミを出す人には角が立たない声かけを

まずは「やさしく教える」、それでもダメなら自治会へ相談

近所の人にゴミの指定日を守ってもらえないとき、その人を頭ごなしに注意するのは、トラブルの元。もしかしたら、引っ越してきたばかりで正しいゴミの出し方がわかっていないだけなのかもしれません。

間違った出し方をしている人を見かけたら、**「失礼ですが、ゴミを出す日は月水金と決まっています。ご存知なかったのですね」**とやさしく声をかけましょう。

それでも出す日を守ってもらえない場合は、自治会などに相談することをおすすめします。また、だれが間違ったゴミの出し方をしているのかわからない場合、ゴミ袋を開けて中身から出した家を特定して苦情を言いに行くのは避けたいものです。相手の感情を刺激してしまうことにもつながりかねません。

「このゴミ袋の持ち主の方へ　ゴミを出す日は月水金です。よろしくお願いします」というように書いた紙をゴミ袋に貼って知らせるという方法もあります。

●生ゴミを出すときは水気を切る工夫を

生ゴミはそのまま袋に入れず、新聞紙でくるむと水分がもれない。

自分自身もゴミの出し方に注意して

ゴミの出し方や回収の指定日などは、自治体によって違います。その内容が変更になることもあるので、地域のお知らせにはマメに目を通すようにしましょう。

生ゴミは水気をしっかり切って出せば、水もれのほか焼却時のエネルギー削減にもつながります。うまく水気が切れない場合は、新聞紙などに吸わせて袋の口をきちんとしばるようにしましょう。

また、朝にゴミを出せないからといって夜のうちに出すのはマナー違反。早起きしたり、家族に頼んだりして、指定日の朝、明るくなってから回収時間に間に合うように出しましょう。

人のうわさ話や悪口には加わらない

うわさ話をする人に近づかないのも対策

近所で知人に会ったとき、ついしがちな立ち話。生活に必要な情報を得られることもありますが、うわさ話や悪口に発展しやすいので気をつけたいものです。

うわさ話には根拠がないうえに、人から人へ伝わるうちに内容が大きく変わることもあります。とくに最近は、インターネットで多くの人に話が広がるため、うわさがひとり歩きして取り返しがつかなくなることもあるようです。人の集まりでうわさ話がはじまったら、情報をうのみにしたり、自分の知っていることを話して便乗したりしてはいけません。**「それよりも」と話題を変えるか、「用事を思い出した」と言って早々にその場から離れる**のがいいでしょう。

また、自分自身がうわさのネタにならないよう、大事な話は相手を選んでするのも重要です。人のうわさを平気でする人や、人と群れたがる人にはあまり近づかないのが無難。外で会ってもあいさつ程度に留め、当たり障りのない会話ですませましょう。

近所への苦情は「おたがい様」の精神で

「和解しよう」という気持ちで、落ち着いて解決策を探る

近所の人に迷惑をこうむって苦情を言う場合、いきなり口頭や電話で相手の非を責めるのはよくありません。相手には悪気がなく、迷惑をかけていると気づいていないだけのこともあります。できれば直接会ってあいさつをし、**「ちょっと相談があるのですが」「こちらの勘違いかも知れませんが」**と冷静に話を切り出しましょう。直接言いにくければ手紙で伝えるのもいいですが、礼節のある文章で。

反対に、何か苦情を言われたときは、相手の言い分を最後まで聞きます。少しでも思い当たることがあれば、たとえ相手の態度に気分を害したとしても「すみませんでした」とまずは謝りましょう。それから、どうすればいいのかを相談します。「塀からはみ出した枝を切る」など、比較的かんたんに対応できることは素直に改善し、「赤ん坊の泣き声がうるさい」といった、対応がむずかしいことは改善できる範囲を伝えます。

本人と直接話しても解決しなければ、役所や警察などを頼ることも考えましょう。

引っ越しのあいさつは大家さんにも

近所への心配りは最初と最後が肝心！

別の場所へ引っ越すときも、新たな家に引っ越してきたときも、近所へのあいさつは欠かせません。**一軒家なら、両隣と道をはさんだ向かいの3軒、裏の1軒に加え、地域の自治会や町内会の会長に。マンションなら、両隣と上下階の部屋、建物の管理人、大家さんに**あいさつを。家に何かあったときに頼りになるのが大家さんです。

あいさつは、できれば当日、遅くても3日以内に。子どもがいる場合はいっしょに連れて行き、顔を覚えてもらうようにすると、防犯対策にもなります。

引っ越すときのあいさつは、引っ越しの数日前から前日までの間に行ないます。当日には、引っ越し業者の車が入って騒がしくなるため、周囲に迷惑をかけることに対しても詫びておきましょう。転居後に荷物などが届く可能性がある場合は、預かってもらう人を決め、連絡先を伝えておきます。また、引っ越しではゴミが大量に出るので、地域でのゴミの出し方に気をつけて、新しい生活を気持ちよくはじめましょう。

●引っ越しのあいさつに行くお宅

★＝引っ越す場所、■＝あいさつに行くお宅

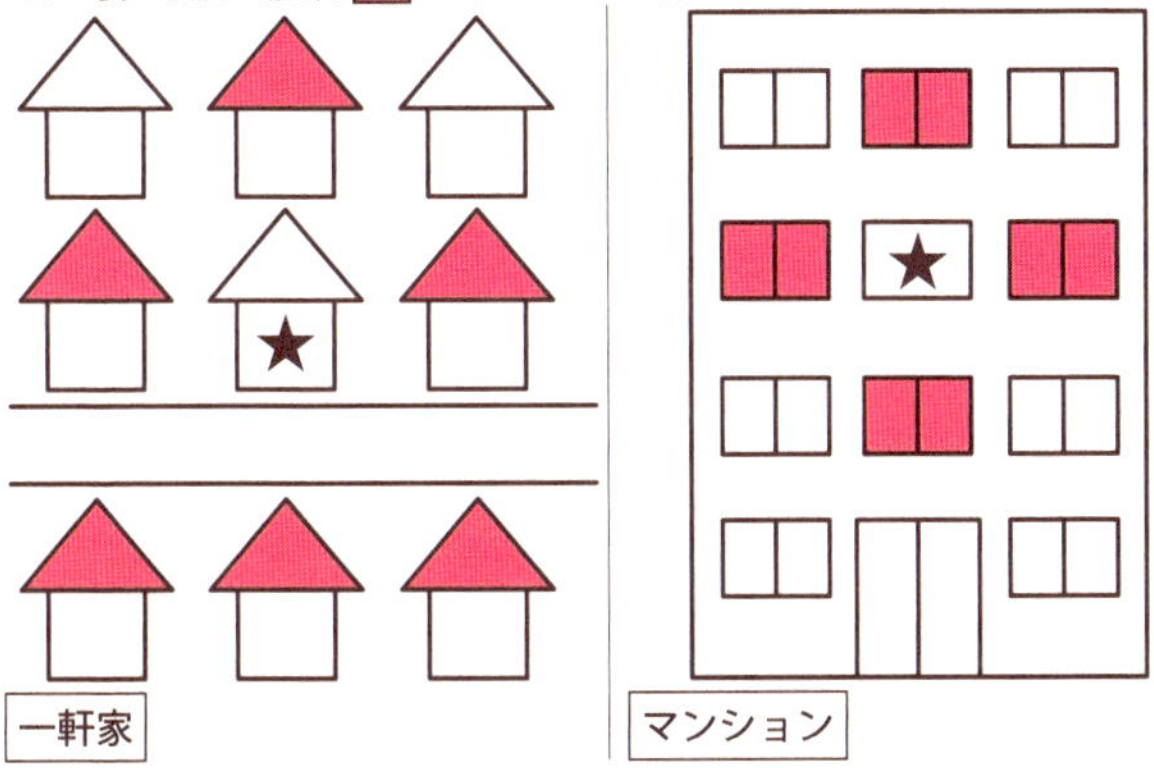

一軒家は向こう3軒両隣と裏の1軒、マンションは両隣と上下階の部屋にあいさつ。

あいさつの品は日持ちするものを

引っ越し後にあいさつまわりで持って行く品物は、５００～１０００円前後のものを選びます。日持ちがするお菓子や石けん、タオルなどがいいでしょう。

品物にのし紙をかけて、「ご挨拶」と書きます。家に伺い「今日、越してまいりました○○と申します。どうぞよろしくお願いします」とあいさつします。

相手が不在の場合は、「今度××に引っ越してきました○○と申します。ご不在のようでしたので、あいさつの手紙にて失礼します。どうぞよろしくお願いします」などと書いた手紙をポストに残します。品物は、顔を合わせたときに直接渡しましょう。

引っ越し業者への心づけは1000円ほど

お礼は飲み物で十分。作業が大変なときには心づけを

引っ越し業者への心づけは、基本的には必要ありません。業者によっては、「受け取らない」と決めていることもあるようです。ただ、悪天候での作業や無理なお願いをしたときなどは、ひとり当たり1000円程度を渡すのもいいでしょう。その際は「寸志《すんし》」と書いたポチ袋に入れるか、懐紙などの白い紙に包みます。

一般的には作業の前に「今日はよろしくお願いします」と言って渡しますが、仕事ぶりを見て渡したくなったら、作業が終わった後に渡してもかまいません。**現金だと相手が受け取りにくいかもしれないので、ペットボトルなどの冷たい飲み物を出してもいいでしょう。**

友人に引っ越しの手伝いをしてもらった場合は、お礼として3000～5000円を手渡します。相手が現金を受け取らなかったら、後日、新居に招いて食事をふるまったり、近況報告の手紙とともにお礼の品を送ったりしましょう。

町内の行事に不参加のときはお詫びを

住みよい環境づくりのためにも、行事には積極的に参加

自治会や町内会では、祭りや防災訓練、清掃活動など、1年を通じていろいろな活動があります。貴重な休みを使って参加しなければならないこともあり、面倒に思うこともあるかもしれません。けれども、自治会や町内会は、防犯や防災、高齢者の見守りなど、その地区に住む人がよい環境で安全に暮らすための基盤づくりをします。

町内の行事には、積極的に参加するようにして、どうしても都合がつかない場合は地区の役員などにお詫びをしましょう。その際、ほかに何かできることがないか聞くなど、参加する姿勢を見せるのが大事です。そうした心がけによって、同じ地区に暮らす人々の信頼を得られるので、何かあったときにも助けてもらえるでしょう。

また、**町内の行事になかなか参加してくれない人を誘う場合は、人手が足りないことを説明します。**どのようなことなら協力してもらえるのか、おたがいの意見をすり合わせましょう。

おすそわけは相手の負担にならないように

自分がもらった場合は、過度なお返しの必要はなし

田舎から届いた野菜や、知人からもらった料理など、おすそわけもあまりに頻繁だと、相手に余計な気を遣わせてしまいます。おすそわけするときは、「たくさんあっ**て困っているから手伝って」と、あくまでこちらの都合であることを強調し**、「もらってくれてありがとう」といった気持ちを伝えましょう。

逆におすそわけをもらったときは、とくにお返しをする必要はありません。お礼をしたいのなら、こちらもいただきものや旅行のおみやげを持って行きましょう。料理を皿や鍋ごといただいたときは、洗った皿や鍋とともに、キッチンタオルやきれいな柄の紙ナプキン、板のチョコレート1枚など家にあるものを添えるといいでしょう。

おすそわけの「すそ」とは、もともと着物の裾《すそ》を指し、末端の部分であることから転じて「つまらないもの」という意味があります。おすそわけをもらったら、「お福わけありがとうございます」と言って受け取るといいです。

長期間留守にするときは近所の人に伝える

留守中に届いたものをどうするか決めておく

旅行や帰省などで、1週間以上家を留守にするときは、近所の人やマンションの管理人にひと言伝えるようにしましょう。何も知らせないまま、ポストから郵便物があふれていては、「家の中で倒れていないか」など余計な心配をかけますし、防犯上もよくありません。近所に頼れる人がいない、他人の手をわずらわせたくないと考えるなら、新聞の配達会社や郵便局に連絡して、一時的に配達停止にすることも可能です。

不在中に届いたものを近所の人に預かってもらう場合は、郵便物がたまったらどうするのか、生ものが届いたらどうするのかなど、あらかじめ決めておきましょう。困ったことがあったら、電話でやりとりができるように、連絡先も伝えておきます。

家に戻ったら、すぐに留守を伝えていた人におみやげやお礼の品を持って、お礼のあいさつに行きましょう。

旅行のたびに過度におみやげを渡さない

相手も気持ちよくもらえる頻度で、高価すぎないものを

旅行や帰省のおみやげを、知人に配るのが好きという人もいるでしょう。おみやげ選びは楽しいですし、相手に喜ばれるとうれしいものです。ただ、あまりに頻繁だったり、おみやげが高価なものだったりすると、相手の負担になることもあります。「お金があること」を自慢しているようにも見え、ねたみの対象にもなりかねません。

留守中に何か頼みごとをした、実家からたくさんものをもらったといった理由がなければ、近所への過度なおみやげはひかえたほうがいいでしょう。

旅行のおみやげは１０００円程度がベスト。訪れた土地ならではの特産品や銘菓などが喜ばれます。「○○へ行ってきたので、よかったら」とひと言添えて渡します。

おみやげのお返しは基本的には必要ありませんが、気になる場合は、自分が旅行に行ったときなどに何か買って帰りましょう。もし早めにお返しがしたいなら、人気のスイーツや季節の果物などを持って行くといいでしょう。

大病院で近所の人を見かけても詮索しない

知られたくないこともあるので、相手が話さずにすむよう配慮を

風邪を引いて町の小さな医院に行ったら、近所の人に会うかもしれません。そのときは、あいさつをして体調を気遣うといいでしょう。

ただ、入院もできるような大きな病院で近所の人を見かけたら、気づかないふりをするのも思いやりです。本人やご家族が大変な病気かもしれないですし、他人に心配や詮索をされるのを避けるため、周囲に体調が悪いことや入院していることを隠しているかもしれません。相手の事情を考え、距離をとるのが無難です。

病院内でばったり知り合いと鉢合わせたり、目が合ったりしたら、かんたんなあいさつをしましょう。余計なことを聞いたり、言ったりしないようにします。**病院では、ネガティブな話題を避けるのがマナーです。**もし、相手から病院にいる理由を話してきたら、だれかに話を聞いてほしいのかもしれません。静かに聞いて、その内容は他人に言わないようにしましょう。

セールスやビジネスの依頼ははっきり断わる

断わりづらくても返事を長引かせるのはNG

近所の人と話しているとき、セールスやビジネスの誘いを受けることがあるかもしれません。「リフォームをするなら、わたしの知り合いに……」「家にいるなら内職をしてみない？」といったことです。自分のことを思って誘ってくれているのかもしれませんが、実際都合が悪かったり気乗りしなかったりすることもあるでしょう。

そんなときは、早めにはっきりと断わりましょう。返事を長引かせると相手をやきもきさせてしまいますし、早く断わることで相手がほかに依頼する人を見つけやすくなります。断わるときは、相手を思いやり**「残念ですが」「せっかくのお話ですが」などクッションとなることばを添えて理由も話すようにします**。相手も「それなら仕方がない」と納得し、今後の近所づきあいにも影響しないはずです。

訪問セールスや近所の人からのお誘いに困っている場合は、玄関に「セールス・勧誘お断り」のシールを貼ると効果があるようです。

人の年齢や職業を聞くのはマナー違反

相手のことは詮索せず、知っても他人に話さない

近所に引っ越してきた人と話をしたり、子どもの友だちの親と接したりしたとき、「若く見えるけれど、いくつなのかしら？」「仕事は何をしている人なのかしら？」と相手に興味をもつこともあるでしょう。しかし、知り合ってすぐに個人的なことをあれこれと聞き出すのは、マナーとしてよいことではありません。

たとえどんなに親しくなったとしても、**ある程度の距離を保ったほうが、近所づきあいはうまくいきます**。道で会ったときは感じよくあいさつをして、当たり障りのない会話に留めるようにしましょう。

もし仮に、相手が仕事や経済的なこと、家庭の事情といった大事なことを話してくれたとしても、それについて意見したり、非難めいたことを言ったりしないようにします。聞いたことは他言せず、おたがいが快適に生活できるよう心がけましょう。

布団たたきやバーベキューは周囲に配慮を

ベランダや庭からのにおい・騒音は周囲の迷惑になることも

ベランダも庭も自分の家の一部として自由に使えるものですが、においや騒音など周囲に迷惑をかける行為は避けたいものです。

マンションやアパートのベランダで、干した布団をたたいている人を見かけますが、たたくと音がうるさいうえに、ほこりが出て階下やお隣の洗濯物をよごすおそれがあります。布団のほこりは、掃除機で吸うほうがダニ対策にもなってよいとされています。掃除機でほこりを吸い、布団を干すときは表面のよごれを手で払う程度にしましょう。

また、ベランダでタバコを吸ったり、携帯電話で話をしたりする人がいますが、隣の家が窓を開けていると、風に乗ってタバコのにおいが家に入り込んだり、電話の話し声が響いて聞こえてきたりします。

ペットをベランダでブラッシングするのも、マナー違反。近所に動物アレルギーの人がいると、健康被害が出て問題になる場合があります。

●ベランダに布団を干すときは……

そのまま干してたたくのではなく、掃除機をかけてから干す。

住宅地の庭でのバーベキューはひかえる

友だちの家族なども誘って、庭でバーベキュー。とっても楽しそうですが、近所の人はどう見ているでしょうか？

人が集まれば、話し声や物音も大きくなりますし、火を起こして肉を焼いたりすれば、においも出ます。

休日だと、近所の人も家で休んでいる場合が多いので、騒音などで迷惑をかけそうなら、**事前に伝えたり、終わった後おすそわけを持って行き「うるさくしてすみません」と謝ったりするとよい**でしょう。

また、バーベキューは自宅の庭よりも河原やキャンプ場でしたほうが、周囲に気兼ねなくできるという考え方もありますね。

子どもを預かるときは、おやつに気をつける

食べ物のアレルギーがあるかどうかを事前に確認しておく

子どもが何らかの食物アレルギーをもっていたり、家庭によっておやつに関するルールが決まっていたりします。よその子どもを預かるときは、あらかじめ苦手な食べ物や飲み物、食物に対するアレルギーがないかを親に確認しましょう。

そして、過度に甘い・辛いなど刺激が強いものや飲み込みにくいもの、カロリーが高いものなどは避けます。果物や生菓子を出す場合は、鮮度や保存状態に気をつけて。

小さな子どもがおやつを食べるときは、喉《のど》に詰まらせたりしないように近くで見守ります。後でお腹を壊したり、家での食事ができなくなったりしてはいけないので、たくさん食べさせないように注意しましょう。

子どもどうしが約束をして、突然友だちを連れてきたり、友だちの家に行ったりすることもあるかもしれません。その場合、おやつや帰る時間について気になることがあれば、相手の親に連絡して確認をとると後々問題にならずにすみます。

●子どもを預かるときの注意

とくに、アレルギーのある食べ物を確認!

長時間預けたり預かったりは避ける

子どもを預かってくれるママ友は貴重な存在です。預ける前には、子どもによその家でしてはいけないことをしっかりと言い聞かせましょう。もし、子どもにお菓子の好き嫌いやアレルギーなどがあれば、おやつを持参させその旨を相手に伝えます。

子どもを迎えに行くときは、お礼の品などを持って行き、今後のおつきあいの参考となるよう困ったことはなかったか相手にたずねます。

他人の子どもを預かるのは体力的にも精神的にもつかれますし、何かあったときの責任につながります。親しい仲でも、長時間預けるのはひかえたほうがいいでしょう。

子どもが夕食に招かれたらできる範囲でお礼を

食事でなくてもOK。何らかの形で感謝の気持ちを伝えて

友だちの家に遊びに行った子どもが夕飯をごちそうになったら、「お返しに、食事に招待しないといけないのでは？」と思うかもしれませんが、そんなことはありません。

あらかじめ招待された場合は家に伺うときに、その日突然ごちそうになった場合は翌日に、お菓子や果物などをお礼の品として持って行くといいでしょう。もしそのママ友と親しい間柄であれば手みやげにこだわらず、カフェでお茶代を払ったり、車で子どもの送迎を引き受けたりといった形のお礼でもいいでしょう。とにかく「この前の夕飯のお礼をさせてください」と言って、できる範囲で感謝の気持ちを伝えます。

自宅に招いたよその子どもに食事を出すときは、なるべく早めに連絡します。相手の親が子どもの食事を準備してしまった後では、迷惑にもなりかねません。「うちの子が○○ちゃんといっしょに夕飯を食べたいと言っている」など、こちらの希望であることを伝えて、帰りの時間も忘れずに伝えましょう。

他人の子どもには、なぜ悪いのかを伝えて叱る

いけないことをしたら、その場でやさしくさとすように

親どうしの意思疎通ができていないかぎり、他人の子どもを叱るのはひかえたほうが無難です。けれども、善悪を判断できない小さな子どもが、人の家に向けて石を投げ込むなど明らかに悪いことをしていたら、その場で注意したほうがいいでしょう。

叱るときは、しゃがんで子どもと目線を同じにし、手を握るなどして、どうしてそれをしてはいけないのかきちんと理由を伝えます。その際、感情的に怒らずに、やさしくさとすように話しかけ、それをされた相手がどう思うのかを、子どもに考えさせましょう。子どもが素直に反省したら、二度としないように約束をします。

もし、あなた自身が近所の子どもにものを壊されたり、盗まれたりした場合は、**証拠がないまま犯人を特定したり、うわさを立てたりすることはやめましょう**。見逃すことができない場合や繰り返し行なわれる場合は、自治体やその学区の学校に相談して第三者に対策をゆだねるのが賢明です。

子どもの誕生日会には手ぶらと伝えて招待

招待客が気軽に参加できる配慮を

子どもの誕生日会に子どもの友だちを呼ぶなら、子どもどうしでやりとりさせるだけでなく、相手の親に連絡して話したほうがいいでしょう。日時や場所を知らせ、小学生以下なら「手ぶらで普段着で来てね」と伝えます。もし断わられても、家庭にはそれぞれの考え方があるので、気にしないように。

逆に自分の子どもが招待されたときは、まずはお礼を述べ、詳細がわからなければ、「このような服装でいいですか?」といったように、さりげなく聞いてみましょう。**たとえ「手ぶらで普段着で来て」と言われても、子どもにいつもより少しよい服を着せて、何らかのプレゼントを持たせます。**ほかに参加する友だちの名前を聞き、そのお母さんたちとどんな服を着ていくのか、プレゼントはどうするのかを相談しましょう。プレゼントについては、あまり高価なものにならないよう金額を決め、ほかの人と重複しないよう情報交換をしておくといいでしょう。

●友だちへのプレゼントは……

文房具や
ハンカチなど
実用的な
ものを
-note-

文房具やハンカチ、子どもが絵を描くのが好きなら、友だちの似顔絵でも○。

親も招待されたら「お客さん」の立場で

自分もいっしょに招待されたときは、母親どうしおしゃべりをしながら、子どもの様子を見守ります。

会の準備や後片付けなど気になることがあるかもしれません。けれども、相手の母親も自分流のおもてなしをすることを楽しみにしていたり、家の中を勝手に触られるのを嫌がったりする場合があります。

何かあったら、ひと言手伝うことを伝えましょう。

とくに何もなければ、あれこれ気を遣わずお客さんとしてすごします。「写真を撮って」というように、何か頼まれたときだけ手伝いましょう。

子どもの発表会には友だちの家族も招待

都合をたずね、「来てもらえたらうれしい」という気持ちで

子どものピアノやバレエなどの習い事では、発表会がつきもの。子どもが「友だちを呼びたい」と言うことがあるかもしれません。

まずは、自分の子どもと相談して、誘う友だちをしぼり、その親御さんに「うちの子の発表会があり、○○ちゃんに見に来てほしがっているのですが……」と声をかけます。日時や場所なども相手に伝えて了承を得られたら、友だち本人だけでなく家族にも招待状やチケットを渡します。チケット代などの金銭的な負担をお願いするのは、近しい身内などに留め、友だちとその家族には「気軽に来てほしい」と伝えます。

当日の服装やお祝いの品などについて相談されたら、発表会の内容や訪れる人の雰囲気を伝え、無理のないように準備をお願いします。**当日は、できれば出演の合間に親子で客席に顔を出し、来てくれた友だちやその家族にお礼の言葉を伝えます。**花束やプレゼントをいただいた場合は、後日、あらためてお礼状を出しましょう。

●子どもの友だちにプレゼントを渡すときは……

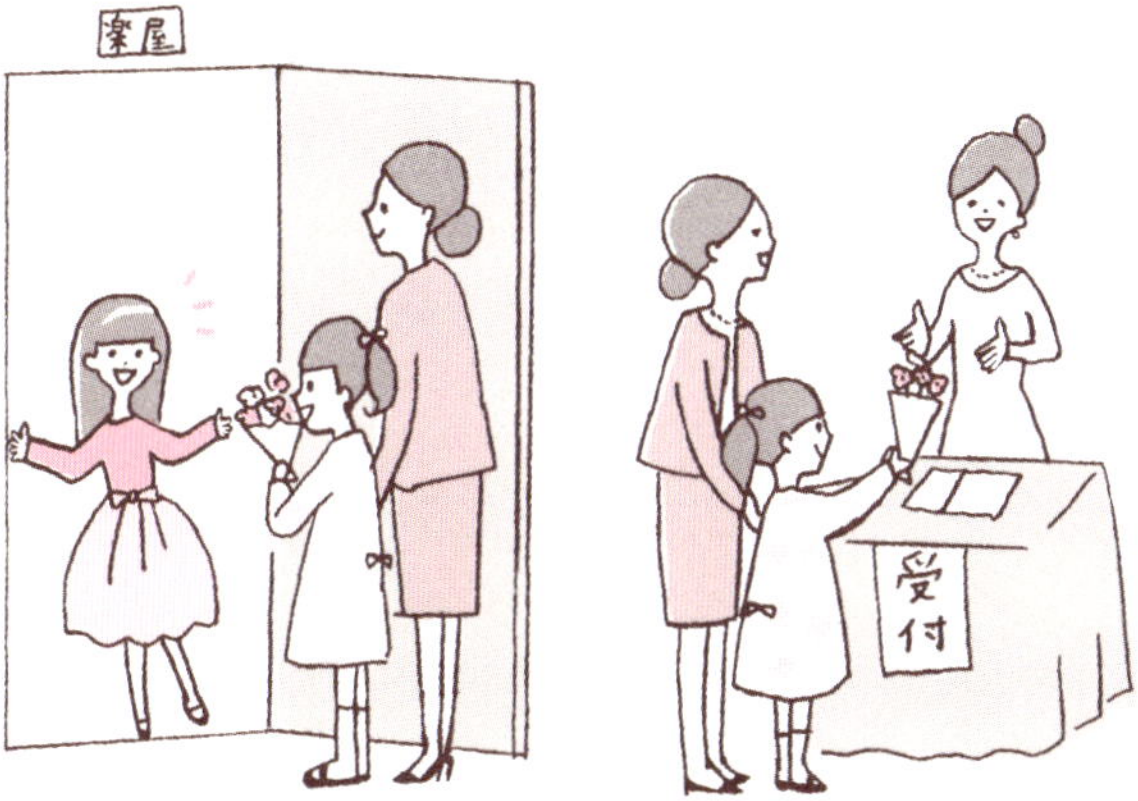

直接楽屋に行って手渡したり、受付に預かってもらったりする。

招待されたらお祝いの品を持って

子どもの友だちの発表会に招待されたら、可能なかぎり見に行くのがいいでしょう。子どもにとって、がんばっている友だちの姿を見るのはよい刺激になるはずです。どうしても都合がつかない場合は、行けない理由を伝え、お詫びをします。

当日は、招待してくれたお礼に花束やお菓子、おもちゃなど、子どもが喜ぶプレゼントを持って行くようにします。

当日、楽屋にあいさつをしに行くことができるのかなど、前もって友だちの親御さんに聞いておくとスムーズなプレゼントの手渡しにつながります。直接渡せない場合は、受付に預けるといいでしょう。

他人の子どもがものを壊したら親に伝える

子どもがものを壊したら、いっしょに謝罪するのが親の責任

子どもの友だちが家に遊びに来たとき、家の貴重品を壊してしまった、なんてことがあるかもしれません。そのときは、その子に、帰ったら親に報告するよう言います。**翌日になっても相手の親から連絡がなければ**、子どもが親に言い出せなかったか、親が知らないふりをしている可能性があるので、**電話をして事情を説明します。**言いにくいことですが、子どもの学びのためにもきちんとした対処が必要です。

もし自分の子どもが、他人の家のものやお店のものを壊してしまった場合は、すみやかに謝り、弁償を申し出ます。壊したものや状況によって、相手から「弁償の必要はない」と言われたら、後日あらためてお詫びの品を持って行くとよいでしょう。

子どもが友だちにけがをさせた場合は、相手の家にいっしょに行き、子どもの口から謝らせます。病院に行くようなけがの場合は、治療費を負担しお見舞いの品を持参します。責任を果たす姿を子どもに見せることも、教育として必要なことです。

ママ友の集まりを断わるときは、事情の説明を

無理せず、気持ちのよいつきあいを

ママ友どうしの集まりに誘われて、「正直気乗りしない」というときもありますよね。ただ、むげに断わってしまっては相手もよい気分はしません。誘ってくれたことにお礼を言い、参加できない事情をかんたんに説明してお詫びをします。

とくに事情がない場合は「忙しいのでごめんなさい」でかまいませんが、感じよく言うように。「またの機会に」などと言ってしまうと、相手に期待を抱かせることがあるので、行く気がないなら、それとなく興味がないことをほのめかしておきましょう。

「誘いを断わったら二度と呼ばれないのでは？」「子どもが仲間外れにされるかもしれない」といった心配はしないことです。おつきあいを長続きさせるために、無理をしないようにしましょう。**子どもどうし仲がよいことと親どうしのつきあいは別なので、気にしなくてだいじょうぶです。**ただし反感を買わないよう、あいさつするなど日常的な関係は切らずに、適度な距離感を保ってつきあいましょう。

長電話を切りたいときは自然な理由を伝える

電話をするときも切るときも、相手への気遣いを

人との電話が長くなり、「そろそろ切りたい」と思うときがありますよね。気心が知れた相手なら「長くなったから、そろそろ切ろうか」とはっきり言えばいいですが、あまり親しくない相手なら「申し訳ないけれど、○時には出かけなくてはならないの」「だれか家に来たみたい」などと、上手な方便で切るようにしましょう。

携帯電話のおかげで、いつでもどこでも電話がかけられるのは便利ですが、仕事や家事で忙しいママ友に電話をかけるとき、気をつけたいのが時間帯です。人や家庭によって生活時間は違いますが、**電話をかける常識的な時間は朝9時から夜9時までの間**。夜6時から7時頃にかけるときは「夕飯どきにすみません」、夜8時以降にかけるときは「夜分に申し訳ありません」など、ひと言つけ加えるのが礼儀です。

また話が長くなるようであれば、あらかじめ「今、時間ある？」と確認しましょう。相手の都合が悪いときは、かけ直すようにします。

友だちが来るのを断わるときは家族を理由に

「子どもが」「夫が」と言えば、相手も無理に来たがらない

いくら仲のよい友だちでも、しょっちゅう家に来られるのは避けたいもの。子どもが家にいるなら、なおさらのことです。しかし、相手の迷惑をかえりみず、他人の家に来たがる人もいます。

そういった相手をつねに受け入れていると、自分や子どもの生活リズムが乱されてしまいます。来てほしくない場合は、はっきりと断わることが大切です。「忙しい」「用事がある」といった自分の都合では、「手伝ってあげる」「用事が終わるまで待っている」など、引き下がらないこともあるかもしれません。

そういった場合は、「子どもの体調が悪い」「今日は夫が早く帰ってくる」というように、**自分の家族を理由にして断わるようにしましょう**。家族を引き合いに出せば、相手が家に来るのをあきらめてくれることが多いようです。

子どもどうしのけんかに口をはさまない

けんかの原因を子どもに考えさせるよう促す

自分の子どもが、よその子どもとけんかをはじめたらどうしますか？　すぐに止めに入ったり、ある程度見守ったりとお母さんによって対応は違うでしょう。状況や相手にもよりますが、しばらくは様子を見るのがいいでしょう。なぐり合いなどになるようなら、すぐに止めます。

友だちや仲間とけんかをして、仲直りすることは、子どもの成長において大事なことです。そうすることで、子どもは相手にも自分と同じように気持ちがあることを学んでいきます。子どもがけんかをしたとき、お母さんが介入をしてしまうと、子どもはどうして相手が怒ったのかが理解できません。わけもわからないまま仲直りをさせられてしまうため、ほんとうに心が通じ合う友だちをつくれなくなってしまいます。

子どもだけでは、けんかの原因がわからないこともあるので、子どもにどう思ったのか、どうすればいいのかなどと問いかけて、**考えを整理する手助けをしましょう。**

チャイルドシートがないときは子どもを乗せない

安全を第一に考え、ルールが守れないママ友とは距離を置く

６歳未満の子どもを車に乗せるときには、チャイルドシートの使用が義務づけられています。自分の家の車に子どもを乗せるときは、もちろん使っているでしょう。ただ、ママ友どうしで車を乗り合わせてどこかに出かけるときや、急にママ友から子どもといっしょに車に乗せてほしいと頼まれたときは、どうしますか？

各自がチャイルドシートを持参して、座席に取りつけることもあるかもしれませんが、チャイルドシートをつけないで乗り合わせることもあるのではないでしょうか？

チャイルドシートを使わない場合、死亡・重症率は使用時の約２・２倍といわれています。何かあると大変ですから、チャイルドシートがないときは、自分の子どもも他人の子どもも車には乗せないようにしましょう。もし、自分の都合や便利さを優先して「チャイルドシートなんてなくても、だいじょうぶ」などという人がいるなら、その都度きちんと断わるか、距離を置いたほうがいいかもしれません。

学校の先生への贈り物はクラス単位で

金品よりも、心のこもった手紙のほうが喜ばれる

「子どもがお世話になった学校の先生にお礼がしたい」と思うこともあるでしょう。

ただ、公立の学校の先生は公務員なので、金品を受け取ることができない立場にいます。金品や接待でお礼をすることは、逆に先生を困らせることになります。

どうしても何かの形でお礼をしたい場合は、個人としてではなく、クラスメイトの保護者数名で少額を出し合い、お花など差し障りのないものを贈るようにしましょう。

また、もし先生におみやげを贈りたいときは、**「職員室のみなさんで召し上がってください」という渡し方をすれば、先生もスムーズに受け取れます。**

とくにお中元やお歳暮は、先生にとっては負担です。どうしても送りたい場合は、心のこもった手紙で感謝の気持ちを表わします。

引き受けられない役員は無理に受けない

別のことで手伝えないか、妥協案を探してみる

学校で役員や係を引き受けるよう、説得されることがあるかもしれません。ただ、頼まれてもどうしても引き受けられないときは、事情を話してきっぱりと断わりましょう。無理に引き受けても、結局は周りに迷惑をかけかねません。

もし、役員ができないことで罪悪感を感じる場合は「こういう仕事ならできる」「2回に1回程度なら参加できる」など、自分からできる条件を出して、協力的な姿勢を見せると、相手によい印象が残せるでしょう。

自分がだれかに頼むときも、やる気のない人に押しつけて、そのことでほかの役員に負担をかけないようにしましょう。相手が引き受けられないのは、何か人に言いにくい事情があるのかもしれません。

どうしても引き受けられない人には、どういう条件なら引き受けられるかを聞き出し、**おたがいが納得できる妥協案を探してみる**のもひとつの方法ですね。

運動会や発表会はさりげないおしゃれで

ＴＰＯをわきまえて雰囲気を壊さない

子どもの運動会や発表会の主役は、あくまでも子どもです。同世代の親どうしが集まる場で、ＴＰＯをわきまえない華美な服装は、場の雰囲気を壊します。普段と変わらない、もしくは普段使いにさりげなくプラスしたおしゃれに留めて、**子どもの学校生活をバックアップする気持ちでのぞむのが大切**です。

子どもの運動会では親が参加する競技もあるので、動きやすい服装をするのが基本です。ただ校風によっては、運動会とはいえ、あまりにもカジュアルな格好で行くのはひかえたいところもあります。それでも、堅苦しくない装いを楽しみたいときは、動きやすさのなかにも品がある服装を心がけましょう。動きやすいシャツに、カーディガンなどの上着を合わせると、きちんとした感じが出せます。

競技に出場する親の姿は、意外とほかの親や子どもたちの記憶に残りやすいものなので、自分の子どもの立場を考えておしゃれを楽しむようにしましょう。

●子どもの運動会や発表会での服装は……

TPOをわきまえ、子どものために服を選ぶようにする。

おしゃれした親の姿は子どもにもいい思い出

子どもの発表会に着ていく服は、ピアノやオーケストラのコンサートを聞きに行くスタイルと同じでよいでしょう。

ワンピースや、ブラウスとジャケットにスカートを合わせた服装が無難。シンプルなスーツでもＯＫです。

ただ、あまりにきめすぎても周りから浮いてしまい、雰囲気を壊す可能性もあります。もし心配なら、先生やほかの親に、それとなく聞いておくと安心でしょう。

子どもも、少しあらたまったおしゃれをした保護者の前で発表するほうが、気持ちが引き締まって、いい思い出になります。

担任や学校へのクレームは相談形式で

一方的な態度ではなくあくまで公平に

子どもが通う学校で何か困ったことや問題があったり、学校や担任の先生に不満があったりすることがあるかもしれません。そんなときは、いきなりクレームや苦情を言うといった、強硬な手段に出ないようにしましょう。というのも、子どもからの一方的な話を聞いて、事実がつかめていないことがあるからです。

学校にはベテランの先生もいれば、新人の先生もいます。指導力の差なども考慮して、どうすればいいか判断するのが、取るべき行動です。学校側からモンスターペアレントと思われてしまっては、せっかくの主張も認められにくくなります。**最初はあくまでも「相談」という形で、担任の先生に面談を申し込みます。**

もし、担任の先生に明らかに問題があったり、何度相談しても対処してくれなかったりしたときは、スクールカウンセラーや校長先生にも話して、意見を聞いてみてもよいでしょう。

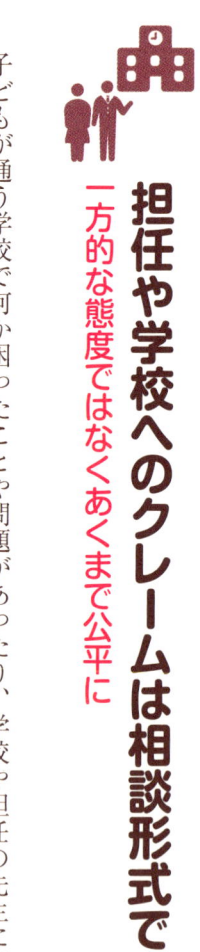

教育委員会へ行くという方法もある

いろいろと手を尽くしても埒《らち》が明かなければ、教育委員会へ行くという方法もあります。ただ、教育委員会に訴えるのは、最終的な手段と考えましょう。

そうした場合は、町会議員や市会議員などに相談するのもよいかもしれません。「学校でこんな問題や事件が起こっています」と話し、そこからうまく学校や教育委員会に伝えてもらえれば、問題が解決することもあります。

教師や学校へクレームや苦情を言うのは、親にとって勇気のいることです。反対に、学校側も激しいクレームや苦情を押しつける親がいると、先生はその対応に追われて、本来の仕事に支障が出てしまいます。

親としては、こちらから何か言う前に、「もう少し学校の様子を見ておこうか」と思いたいものです。

けれども、実際に子どもに被害が出たり、学校全体の問題になってしまったりすることを考えると、問題をそのままにしておくことはよくないでしょう。

部活動などへの差し入れは話し合いで決める

自分の負担にならない程度に留める

がんばる子どもを応援したいという親心から、親が部活動や子ども会へ「差し入れ」として、お菓子やおにぎり、ファストフード、飲み物などを持ってくる姿が見られますね。

ただ、だれかが持ってくると「では、わたしも」「この前は○○さんが持ってきたから」と、各家庭から次々に差し入れがはじまります。そうなると、「自分も持って行ったほうがいいのか」「持ってこないとケチだと思われるのでは?」などと悩んでしまいます。

たとえ純粋な善意からの差し入れであっても、それがほかの親へのプレッシャーになったり、ひとりで抜けがけをしたと思われたりしては、みんなの輪を乱しかねません。**その会で会費を集めている場合は、その範囲で収まるものを話し合って差し入れるといいでしょう。**

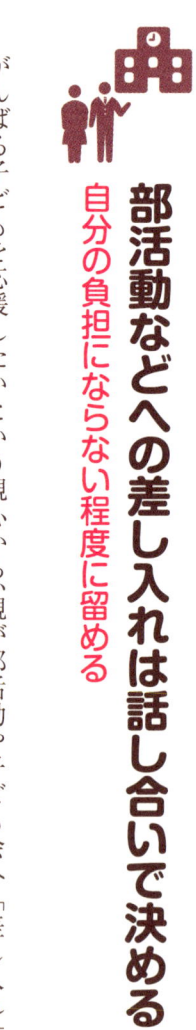

●子どもたちへの差し入れは……

金銭的に負担にならない程度の、飲み物やお菓子などを差し入れる。

負担の少ない差し入れとは？

部活動などでの差し入れなら、経済的な負担にならない程度のスポーツドリンクや、栄養補給系のゼリーなどにするのが無難でしょう。

いずれにしても、少しでも気になったら、それぞれの会で話し合ったり、考えや意見を確認したりすることが大切です。

親にも子どもにも、負担の少ない部活動や子ども会をめざすことが大切です。

ちなみに、スポーツや勉強などをがんばっている人に差し入れすることを、「陣中見舞い」といいます。

陣中見舞いを受けたときのお返しは、通常必要ありません。

子どもの訪問を断わるときは、明確に伝える

子どもへの対応は手がかかるもの。理由をつけて断わってOK

他人の子どもが家に来ると、何かと心配なことがありますよね。とくに小さな子どもであれば、大きな声を出したり、家のものを壊したりすることもあります。子どもがけがをしても困りますし、おやつに何を出せばいいのか悩むこともあるでしょう。たまに、仲のよいママ友とその子どもが遊びに来ると、うれしいものです。ただ、しょっちゅう来られたり、新築の家に子どもといっしょに遊びに行きたいなどと言われたりすると、断わりたくなることもあるはずです。

いやいやながら対応をしてもストレスがたまるだけ。来るのを遠慮してほしいとさりげなく伝えても、相手に伝わらないこともあるので、子どもの訪問を断わりたいときは、はっきりと言うべきです。相手が気分を害さないように、「申し訳ないけれど、どうしても外せない用事があって」「夫によそ様のお子さんを家に呼ぶのはひかえるように言われているの」というように、何らかの理由をつけて断わりましょう。

●突然の訪問を断わるには……

事情を話して、都合のいい日を相手に伝える。

突然の訪問は断わってOK

子ども連れにかぎらず、突然の訪問は困りものです。家事の途中だったり、これから出かけたりする場合は「せっかくおいでいただいたのに、申し訳ないけれど……」と事情を話して、またの機会にしてもらいます。

空いている日があれば訪問が可能な日を伝え、なければ「今はまだ先の予定がわからない」と言いましょう。

知人が、いつも都合が悪い時間に訪ねて来る場合は、「この時間は出かけることが多い」「やらなければいけないことがある」などと説明し、遠慮してもらうようにしましょう。

手みやげは訪問先の近くで買わない

地元の銘菓など、自分が住んでいる土地のものを

訪問先に手みやげを持って行く際、訪問先の近くの店で買うと、間に合わせの印象をあたえてしまうので避けたほうがいいでしょう。

とくに、遠方から伺う場合は**地元の名産品や銘菓、地酒などを持って行くと話のネタにもなります**。高価なものは避け、２０００円程度で買えるものを選びましょう。食べ方や調理方法がわからないものや、好みがわかれるようなものは避けます。

手みやげは、部屋に通されて席に着き、あいさつをしてから渡します。その際「つまらないものですが」「お気に召すとうれしいのですが」といったことばを添えるようにしましょう。アイスや生菓子、生花など早めに冷やしたり水に浸けたりしたほうがいいものは、玄関先で渡してもかまいません。

カットケーキやおまんじゅうなどの個数は、訪問先の家族の人数よりも2、3個余分に用意しておくと、訪問先に別の来客があったときなどに役立ちます。

●訪問先でのコートの脱ぎ方

手みやげなどは足にはさまず、片手に持って脱ぐ。

人に贈るものなので地面に置かない

手みやげは相手に渡すものだということを忘れず、渡すまで美しい状態を保つようにしましょう。

また、荷物が多いときは、せっかくの手みやげを乱雑にあつかってしまうことがあるようです。紙袋や包装紙が破れないよう、電車の網棚などにていねいに載せましょう。

訪問先に着いて、玄関であいさつするときや家に上がるとき、手みやげを地面におくのはNG。また、コートや上着を脱ぐときに手みやげを足の間にはさむのもやめましょう。片手に荷物をまとめて持ち、空いている手から片方ずつコートの袖《そで》を脱ぐようにします。

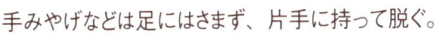

電話よりも玄関のチャイムを優先する

人とのコミュニケーションは、目の前にいる人を第一に考える

家にいるときに電話と玄関のチャイムが同時に鳴ったら、電話はそのままにして、まずは玄関に向かいます。電話は用件があればまたかかってくるので、家の前にいるお客様を優先します。チャイムが鳴ったら、すぐに返事をするようにしましょう。待っていた相手なら、とくに歓迎の意を表わすことになります。

出迎えるときは、「お待ちしておりました」「ようこそいらっしゃいました」などと声をかけ、傘やコートなどを預かります。

人とのコミュニケーションでは、目の前にいる相手が大事と考えられています。だれかといるときに電話がかかってきても、目の前の人との会話を優先しましょう。

固定電話で話しているときに、携帯電話にかかってきた電話に出る人もいますが、これもけっしてよいことではありません。**だれかと話しているときに別の電話に出ることは、今やりとりしている人を軽く見ている印象を相手にあたえてしまいます。**

悪天候の日の来客には、タオルを用意する

快適にすごせるよう、飲み物や室内の温度にも気配りを

雨や雪の日に来客がある場合、そのお客様の服やカバン、足元がぬれていることがあります。そのため、あらかじめ玄関にタオルや足拭きを準備しておきます。

出迎えるときは「お足元の悪いなか、ありがとうございます」など労《ねぎら》いのことばをかけ、**晴れている日以上に明るく接する**ようにしましょう。髪がひどくぬれたり乱れたりしているときは、洗面所に案内しましょう。

お客様に出す飲み物は、その日の天気や気候に合わせて選びたいものですが、本人に好みの飲み物を聞いてもＯＫ。冷えを気にする人は、夏場でも温かい飲み物を好むことがあります。また、雨にぬれて湿った服では、エアコンが効いている部屋を寒く感じることがあるかもしれません。部屋を冷やしすぎないようにしましょう。

お客様が帰るときにまだ雨が降っているようなら、どのようにして帰るのかを聞き、必要であればタクシーを呼びます。

靴下がぬれたら、履き替えて家に上がる

ぬれた足やよごれた足で上がらないような対策を

雨の日など、足元が悪いなか外出すると、訪問先に着くまでに靴や靴下がぬれてしまうことがあります。家に上がることがあらかじめわかっている場合は、レインブーツを履いて足がぬれないようにしたり、靴下やストッキングの替えを持参したりするといいでしょう。バッグについた水滴をぬぐうためのタオルや、ぬれたものを持ち帰るビニール袋なども用意しておくと万全です。

雨で足がぬれてしまった場合は、訪問先の玄関で「失礼します」と言って靴下を履き替え、そのうえですすめられたスリッパを履きます。

雨風であまりに全身がぬれてしまったときは、洗面所を借り、足元をはじめ髪や服装を整えてから話すようにしましょう。

天気がよいときも、訪問先の家に上がる場合は靴には気を配り、清潔感がありすぐに着脱できるものを選びます。

訪問先のペットが苦手なら正直に伝える

最初にひと言「動物が苦手」と伝えるだけで、落ち着いて話せる

最近は、家族の一員として室内でペットを飼っている家が多く、訪問先の玄関で主人が犬や猫などのペットといっしょに出迎えてくれることもめずらしくありません。けれども、動物が苦手な人にとっては、どう対処していいか悩むところです。

もし動物が苦手なら、早めに「すみませんが、犬（猫）が苦手なんです」と素直に伝えるようにしましょう。そうすれば、部屋にペットを入れないなど、できるかぎりの配慮をしてもらえます。

動物アレルギーがある場合も、その旨を伝えます。**用事がある家に苦手な動物がいることがわかっている場合は、事情を説明して代わりの人に行ってもらったり、訪問先の人に自宅の外で会ってもらうようにお願いしたりします。**動物アレルギーへの理解も進んでいますから、気兼ねすることなく伝えましょう。

苦手なものを出されたら「食事したばかり」と言う

いちど口をつけたものは最後まで食べる

訪問先で、お茶やお菓子などが出されることがあります。先方から飲み物について、「お茶かコーヒーか」と聞かれたら、遠慮なく好みのものを伝えましょう。

そしてお菓子は、お茶をまずひと口飲んでからいただきます。和菓子の場合は、楊《よう》枝《じ》で左からひと口ずつ切って口に運びます。おせんべいなど大きなお菓子は、袋を開ける前に割って食べましょう。その際、お菓子の粉やかけらなどをこぼさないように気をつけます。あらかじめ、膝の上にハンカチを載せておくといいでしょう。

出されたお茶やお菓子はかならず口をつけ、残さないのがマナー。ただ、出されたお菓子が苦手だった場合は、無理して手をつけず「食事をしたばかりなので」「歯の治療中のため甘いものはひかえています」というように、相手が気分を害さない理由を言って断わるといいでしょう。食べられないものは、はじめから手をつけず、口をつけたものの食べきれなかった場合は「持ち帰ってもいいですか」と断わりを入れます。

●訪問先でのお菓子のいただき方

和菓子は左から切ってひと口ずつ、おせんべいを割るときはハンカチを敷いて。

訪問先で突然食事に誘われたら遠慮する

食事の時間にかからないように訪問し、食事の時間の前に帰るのがマナー。けれども、会話がはずんで長居してしまったとき、「食事をいっしょに」と誘われることがあるかもしれません。

「これから食事の準備をする」という場合は遠慮し、すでに食事の準備ができていたり、出前などを頼んだりしている場合は、ありがたくいただきます。

食事がすんだら、食器洗いを申し出るのがいいでしょう。その申し出を断わられたら、テーブルに皿をまとめておきます。

他人が台所に入るのを嫌がる人もいますから、できることをすればＯＫです。

長居のお客様にはさりげなく帰りを促す

訪問したときは自分からおいとまを切り出す

知り合いや友人が家に来て楽しい時間をすごしたものの、「そろそろ帰ってほしい」と思うときがありますよね。いつまでも家にいられては、家族も気を遣います。

こんなとき、どのように切り出すのがよいでしょうか? まずは相手に「お時間はだいじょうぶですか?」「この後のご予定は?」というように聞きます。相手も「そろそろ切り上げたい」と思っていたら、サッと腰を上げます。

もし、「まだだいじょうぶです」「とくに予定はありませんから」という答えが返ってきたら、目上の人でなければ「申し訳ないのですが、じつはこの後予定がありまして」と言います。本来なら、お客様のほうが自分から席を立つのがマナー。帰りを促す際は、やんわりと声をかけましょう。

長居をしそうな人が訪れたときや、後に予定がある場合は、あらかじめ「○時から出かける予定がありまして」などと伝えると、相手に失礼になりません。

おいとまを切り出されたら、いちどは引き留める

家に訪れたお客様が「そろそろ……」と帰る意思を示したら、「もう1杯、お茶はいかがですか？」「お菓子がまだありますよ」と言って引き留めます。1、2回引き留めても帰ろうとするなら、無理強いはしません。忙しいなか来てくれたことに対してお礼を言い、玄関まで案内します。手みやげをもらっていたら、最後にもういちどお礼を言うようにしましょう。

おもてなしでは、出迎えよりも見送りに礼を尽くすのが大切とされています。お客様を見送るときは、「お気をつけて」や「またお目にかかれるのを楽しみにしています」といった、相手を思いやることばをかけましょう。

反対に、**自分が訪問するときの滞在時間は、1時間か長くても2時間を目安にします**。小さな子どもがいる、義父母と同居しているといった、その家の様子も考慮し、用事がすんだら早めに帰るようにしましょう。

会話の切れ目やお茶のおかわりをすすめられたときをきっかけに、「そろそろ失礼します」と切り出します。引き留められても、名残惜しいぐらいの気持ちで帰ったほうが、おたがいによい時間をすごした印象が残りやすくなるでしょう。

喫煙者が来訪するときは、換気して準備を

部屋の空気を循環させ、タバコのにおいがしみつかないように

最近はタバコを吸わない人が増えましたし、タバコを吸う人も周りに気遣いをするようになりました。他人の家では、タバコを遠慮する人も多いので、訪問客が喫煙者かどうかわからないときは、とくに灰皿などの用意はいらないでしょう。ただ、長年タバコを吸っている目上の人や数人の喫煙者が家に来ることがわかっている場合は、タバコに対して、何らかの準備をしておきましょう。

空気が滞留しているとその場ににおいがつきやすくなりますから、室内が寒くならない程度に窓を2か所以上開けて換気をしましょう。また、においがつきやすい衣類は部屋に置かず、**タバコを吸う人が集まる部屋は1か所にしぼります。**

喫煙しない人が喫煙する人と同じ空間ですごすのはつらいものですが、顔には出さず用件を聞くようにします。お茶といっしょにお客様の好きな食べ物を出すと、在宅中のタバコの本数を減らせるかもしれません。

品物を受け取らない場合は手紙を添えて返送

そのまま返送では角が立つ。いちどは受け取り次からは辞退を

贈り物は、相手の好意や感謝の気持ちとして贈られるものですが、なかには、なぜ送られてきたのかわからないものや、立場上受け取ることができないものもあります。

そういったお中元やお歳暮などは、そのまま送り返したり、受け取り拒否したりすると角が立ってしまいます。そのため、「今回だけは……」と頂戴して、いただいたものと同額程度のものをお中元、お歳暮として贈ります。その際、**「今後はお気遣いのないようにお願いいたします」**と手紙に書き添えます。公務員や学校の先生など、立場上贈り物が受け取れないときは、その理由を書いた手紙をつけて返送します。

贈ったものがそのまま手紙といっしょに返送されてきた場合、「心なくお送りして申し訳ございませんでした」とお詫びの手紙を出しましょう。贈ったものと同額程度の品物が「お気遣いなく」のことばといっしょに送られてきたら、次からは贈るのをひかえます。

お中元の品物が不良品だったら販売店へ

壊れていても、店から直接送られたものなら先方には伝えない

お中元やお歳暮、お祝いの返礼の品物などは、本来、感謝の気持ちを表わす贈り物なので、直接相手の家に行って手渡すのが正式な方法です。ただ、最近ではデパートや販売店から直接送るのが一般的になっています。

もし、届いた品物が不良品だったり、壊れていたりしたら、その商品を発送したデパートや販売店、配送会社の相談窓口に連絡をします。破損状況や品物によっては、取り替えるなどの対応をしてくれるでしょう。余計な心配をかけないためにも贈り主には伝えず、店と直接やりとりをしてスムーズに解決します。また、**そうしたトラブルがあっても、相手へのお礼は通常通り品物が届いてから3日以内に行ないます。**

もし、贈り主が送り先を間違えていたり、事前に送り状が来ているのにもかかわらず品物が届かなかったりした場合は、贈り主に連絡しましょう。ほかの送り先でもトラブルが発生している可能性があるので、教えたほうがいいこともあります。

●贈られた品物に不備があったら……

壊れていたら販売店、送り先が違う場合は贈り主に連絡を。

お中元やお歳暮のお返しは必要なし

お中元やお歳暮を贈っていない相手から品物が届いたとしても、とくにお返しの必要はありません。お礼状だけでだいじょうぶです。親しい人なら、電話でお礼を言ってもいいでしょう。

「品物でお返しをしたい」という場合は、少し期間を置いて、半額程度の贈り物を。季節の果物やコーヒーなど、相手の家族構成や状況に合ったものを選びましょう。

夫婦ふたり暮らしなど、いっしょに暮らしている人が少ない場合は、缶詰や食用油など日持ちするものがおすすめ。日々の生活で使える気楽なものだと、相手も受け取りやすいでしょう。

お金の貸し借りは返済期限を明確に

お金の貸し借りは避け、借りたらすみやかに返すこと

人にお金を貸して、当たり前のようにお金を受け取られたり、後でお礼や返却がなかったりするとモヤモヤしてしまいますよね。

いくら親しい友人どうしでも、お金の貸し借りは基本的には避けましょう。そして、たとえ少額でも借りたらすみやかに返すのが鉄則。自分が貸したなら、あげたものと思ったほうが気が楽かもしれません。

もしお金を貸し借りすることがあれば、お金を返す期日を明確に決めておくことです。期日を過ぎても、貸した相手から返却や何らかの連絡がない場合は、催促しましょう。あらかじめ借用書を作成しておくのもいいでしょう。借用書はおたがいに署名捺印《なついん》したメモでもかまいません。最低限、**日付と金額、貸した人の名前を書き、必要に応じて、返済期限や返済方法なども書いておきます。**

反対に、借りたことを忘れていた場合は、お詫びの品物を添えて返しましょう。

大きな借金は身内や知人に頼らず専門機関へ

借金はしないに越したことはありませんが、どうしてもお金が必要なときもあるでしょう。金額が大きい場合は、身内や知人を頼るよりも、用途に応じて専門の機関を利用するほうが人間関係のいざこざを起こさずにすみます。

住宅に関するものなら住宅金融支援機構や銀行、教育資金なら銀行や郵便局で借りる方法があります。多目的に使うお金が必要なら銀行のフリーローンという手もあります。いずれも返済計画をきちんと立てて、借金を借金で返すということがないようにしましょう。

またお金のトラブルでは保証人の問題もあります。安易に保証人になるのは危険という考えは浸透していますが、借金や住宅の賃貸契約など、どうしても保証人が必要になるときがあります。

一般的には、夫婦や親子、親戚の間で保証人を立てますが、たとえ身内でも相手に依頼をするときは、絶対に迷惑をかけないことを約束したいものです。「保証人がいない」「身内から保証人を立てたくない」という場合は、保証人を紹介する組織もあります。保証人が必要になった場合は、専門のスタッフに相談してみましょう。

借金の申し込みを断わるときは、事情を説明

相手を思いやりつつ、借金を断わるときははっきりと伝える

知人や友人から借金をお願いされた場合、どう断わればいいのでしょうか? 「お金がない」と言えばそれまでですが、相手にもよほどの事情があり、必死の思いでお願いに来ているのかもしれません。

そんなときは、相手を思いやる気持ちをもって「お役に立ちたいけれど、蓄えがないので人に貸すお金がない」など、お金の都合がつかない事情を説明して、ていねいに断わるようにしましょう。

たとえ、どんなに親しい相手や信頼のおける相手でも、お金の貸し借りは慎重にするべきです。もし大きな金額を貸して、返してもらえなければ自分だけでなく家族にも迷惑をかけます。

断わるのがいちばんですが、**断われずに貸す場合は、返してもらえない覚悟もしておきましょう。**借用書はきちんと書いてもらいます。

ものが返ってこないときは、さりげなく催促

相手が借りたことを忘れていたら、思い出させる話題を振る

本やハンカチ、傘といった日常生活で使うものから、礼服や旅行用のスーツケースといった特別なときに使うものまで、何かの折に友人知人とものを貸し借りすることがあるかもしれません。

「返すのはいつでもいいよ」と言ったり言われたりしたものの、いつまでに返せばいいのかと悩んだときは、図書館の貸し出し期間と同じ２週間を目安にするといいでしょう。あらかじめ「○日までに返す」「今月中に返してほしい」など期限を決めておくと安心です。

貸した本やＣＤ、ＤＶＤがなかなか返ってこなければ、「この間貸したあれ、おもしろかった？」と話題を振り、それとなく思い出させましょう。早く返してほしいときは、「あなたに貸したＤＶＤを家族が見たがっている」「ほかに貸す予定の人がいる」というように、**次にだれかが待っているような言い方で催促してみましょう。**

借りたものをなくしたら、購入して返す

しっかり探して、それでもなければ誠心誠意謝って弁償を

人から借りたものをなくしたら、まずはよく探し、同時にそれを貸してくれた人に、「お借りしたものを紛失してしまいました。大変申し訳ございません。ただいま探しております」とお詫びします。どう探しても見つからない場合は、同じものを購入して返します。アンティークや作家の一点物など、買って返すことができない場合は、なくしたものの購入金額を教えてもらい、お金で弁償します。

相手によっては、弁償を辞退するかもしれません。その場合は、**後日別の形で相手に受け取ってもらえるものを贈りましょう。**

また、公立の図書館の本を紛失した場合は、同じ本を買って弁償します。レンタルショップのCDやDVDを紛失した場合は、違約金を払うことになります。いずれも、紛失したことを早めに謝り、スタッフの指示に従いましょう。

不幸での結婚式の欠席は、理由をあいまいに

余計な心配をされないよう、不幸は伝えずに式後に説明を

病気や事故、身内の不幸などでやむをえず結婚式を欠席する場合は、行けないことがわかった時点で、電話をして出席できなくなったことを相手に伝えます。

その際、相手に余計な心配をさせないように「やむをえない事情により……」と理由はあいまいにします。もし、式の当日や2、3日前であれば、代理人の出席を提案するのもいいかもしれません。相手がＯＫしたら、代理人に出席してもらいます。

そして**式の後に、出席できなかった理由をきちんと伝え、用意していたご祝儀を渡します**。できれば直接会ってやりとりをしたいところですが、遠方の場合は郵送でもいいでしょう。お詫びの手紙はかならず添えるようにします。

結婚式の招待状を受けたときに、法事と重なっていた場合は、法事を主催する側でなければ結婚式を優先してもいいでしょう。仕事などの都合で出席できるかどうかわからないときは、返事を待ってもらうか、返事が遅くなるようなら欠席とします。

高齢者に運転をやめさせたいなら、家族で協力を

相手を思いやることばで説得する

高齢になると判断力や身体能力が低下するため、車の運転も若い頃のようにはいかなくなっていきます。急ブレーキを踏むことが増えると、家族は心配になるでしょう。そろそろ運転をやめてほしいというときはことば選びが大切です。

長年にわたり運転してきた人や運転が好きな人に「年だからもうやめて」と言っても、「自分はまだだいじょうぶ」と聞き入れてもらえないでしょう。突然、車の運転を禁止すると反発が大きいでしょうから、**家族が車を運転して出かける機会を増やしたり、ほかの趣味をすすめたりして、少しずつ車から距離をとらせ**ましょう。

「体を大事にしてね」「孫を悲しませることはしないでね」と相手を気遣うことばをかけながら、「そろそろ車の運転はひかえたほうがいいのでは?」と説得していきます。

高齢者が自分から、「車を運転しなくてもいい」と思えるように家族で協力して、働きかけましょう。

義父母の部屋の掃除は本人にまかせる

居住スペースや家事分担を決め、適度な距離感を保って暮らす

配偶者の両親と同居していると、様々な価値観の違いを感じることがあるはずです。そんなときは、「そういう考え方もある」と相手を認め、こちらの考えを押しつけないようにしましょう。なるべくなら家庭内の生活スペースや家事などを、義父母と自分たち夫婦であらかじめわけておくと、ぶつかることが少なくなります。

義父母の部屋は自分たちで掃除してもらい、その部屋に入らない代わりに、自分たちの部屋に義父母が入るのも遠慮してもらいます。とはいえ、義父母が高齢になれば、手のまわらないことも出てくるでしょう。そんなときは、「廊下に掃除機をかけるついでに、よろしければお部屋も掃除しましょうか？」と声をかけるようにします。

物事は手伝ってもらう側も気を遣うもの。**「よろしければお手伝いしましょうか？」と、お伺いの姿勢を見せる**ことで相手も頼みやすくなります。義父母と適度な距離を保ち、敬意をもって接することが波風を立てずに暮らすコツです。

ペットを飼うときは近所の人に伝える

トイレのしつけをきちんと行ない、鳴き声やにおいに注意

犬や猫など動物好きの人もいれば、そうでない人もいます。また、動物アレルギーの人もいるので、ペットを飼うときは近所の人に事前に伝えたほうがいいでしょう。近所にペットを飼っている人がいれば、ペットを外に連れ出す際の注意点や近所の動物病院などの情報を得られるかもしれません。

とくに猫は、自由に歩きまわらせていると他人の家の庭などに入り込んで、ふんをすることがあります。トイレのしつけができていない間は、外に出さないようにしましょう。

家の中で飼う場合でも、鳴き声がどのくらい外に聞こえるのか確認しましょう。加えて、ペットのトイレを窓際に置くと、外までにおいがすることもあります。ペットを飼うことで家の外にどんな影響があるのかを調べ、できる対策は事前にしましょう。犬がいることを知らせるステッカーを、門に貼るといった工夫もします。

●マンションで犬を連れて歩くときは……

リードを短く持って、壁側を歩かせよう。

マンションではペット飼育のルールを確認

マンションの場合は、建物でペットが飼えるかを確認します。そして、エントランスやエレベーター、廊下は、共有スペースなので、ペットと出かけるときは、人の利用や通行を優先し、足あとや抜け毛などでよごさないようにしましょう。もし、ペットが粗相をしたときは、素早く片づけます。

マンションによっては、このような共有スペースでは、ペットを抱きかかえる、キャリーバッグに入れるといった決まりもあるようです。

抱きかかえるのがむずかしい場合は、リードを短めに持ち、人と直接すれ違わないように壁側を歩かせましょう。

屋外でのブラッシングはマナー違反

抜け毛は風で飛びやすいため、家の中でブラッシングを

犬や猫などを飼ううえで、大切なことのひとつが抜け毛の処理。たまに公園や川沿いの土手などで犬のブラッシングをしている人がいますが、抜け毛が風に乗り飛んでいってしまっています。ほかの人に迷惑をかけることがないように、**自宅の玄関や風呂場といったあまり広くない特定の場所でブラッシングします。**抜けた毛はビニール袋に入れて捨てましょう。

塀に囲まれた自宅の庭でブラッシングする人もいるかもしれませんが、抜け毛は舞いやすく、近隣の家の洗濯物などにつくことがあるので、避けます。

犬の種類によっては換毛期と呼ばれる毛の生え変わりの時期があり、一般的には、春頃に毛の量が少なくなり、秋頃に毛の量が多くなります。この時期は毛がまとまって抜けやすいので、普段より念入りなブラッシングが必要です。

これから飼うなら、抜け毛が少ないペットを選ぶのもいいかもしれません。

●犬のブラッシングをするときは……

抜け毛で近隣の人に迷惑をかけないよう、浴室などで行なう。

洋服や車内についたペットの毛も注意

室内で犬や猫を飼っていると、どうしても服やソファなどにペットの抜け毛がついてしまいます。ペットを飼っている人にとっては、当たり前のことかもしれませんが、ペットを飼っていない人にとってはたとえ1、2本の毛でも気になるものです。

家にだれかを呼ぶときは、いつも以上に念入りに掃除をし、出かけるときは洋服に毛がついていないかを確認しましょう。

ペットの抜け毛で気をつけたいのが車の座席シート。突然、だれかを乗せることになったとき、毛だらけでは困りものです。そのため、ペットを車に乗せるならマメに掃除をしておきましょう。

ペットのクレームは飼い主に直接しない

頭ごなしに言わず、第三者を通じて注意を

ペットを飼う人が増えるにつれて、ペットに関するクレームやトラブルが多くなっています。ただ、よく知らない相手に突然クレームをつけるのは、トラブルの元です。

何かペットで迷惑していることがあれば、一軒家なら自治会や町内会の役員に、マンションなら管理人や大家さんに相談をして、注意してもらいましょう。

もし、相手が少しでも顔見知りで、言葉を交わすような間柄なら、「犬を散歩させてあげたらいかがでしょう」「わたしが以前犬を連れていたら、こんな風に注意を受けたのですが、○○さんはそのようなことがなかったですか?」というように、会話の流れでペットの飼い方について指摘してみましょう。

それで「気をつけます」などと言ってくれる人なら、改善されるかもしれません。誠実な対応が見られない場合は、自分からは言わないで、第三者に注意してもらったほうがいいでしょう。

郵便はがき

料金受取人払郵便

京都中央局
承認

6558

差出有効期間
平成31年7月
31日まで

（切手は不要です）

601-8790

205

京都市南区西九条
北ノ内町十一

PHP研究所
家庭教育普及部
お客様アンケート係 行

1060

ご住所 □□□-□□□□		
お名前	ご年齢 歳	お子様のご年齢 歳
メールアドレス		

今後、PHPから各種ご案内やメルマガ、アンケートのお願いをお送りしてもよろしいでしょうか？ □YES □NO

＜個人情報の取り扱いについて＞
ご記入頂いたアンケートは、商品の企画や各種ご案内に利用し、その目的以外の利用はいたしません。なお、頂いたご意見はパンフレット等に無記名にて掲載させて頂く場合もあります。この件のお問い合わせにつきましては下記までご連絡ください。
（PHP研究所　家庭教育普及部　TEL.075-681-8818　FAX.075-681-4436）

PHP アンケートカード

PHP の商品をお求めいただきありがとうございます。
今後の商品制作のために、あなたの感想をぜひお聞かせください。

お買い上げいただいた本の題名は何ですか。

どこで購入されましたか。

お求めになった理由をお選びください。

1 内容に関心があったから　　2 タイトルに興味をひかれたから
3 作者に興味があったから　　4 人にすすめられたから
5 その他【　　　　　　　　　　　　】

ご利用いただいていかがでしたか。

1 よかった　　2 ふつう　　3 よくなかった

ご感想などをご自由にお書きください。

日頃どのようなことに興味をお持ちかを、下記よりお選びください。また、その理由や日常生活で困っていること、知りたいことなどをご自由にお書きください。

1 子育て　　2 家事　　3 料理　4 健康　5 趣味　6 子どもの勉強
7 その他（　　　　　　　　）

クレームを受けたらしっかりと対処する

自分のペットに関する悪いうわさを聞いたり、近所からクレームが寄せられたりした場合、その内容を冷静に受けとめ早急に改善します。トイレをはじめとしたしつけを徹底し、家の防音対策をするなど、何かしらできることはあるはずです。

場合によっては、突然マンションの管理会社や保健所などから、クレームに関する書状が届くこともありますが、誠実に対処しましょう。

ただ、近所の人が動物がきらいで他人のペットに対して過敏になっていることもあります。できるだけのことをして、これ以上どう対処すればいいのかわからないときは、周囲の人に相談したり、管理会社や保健所にペットを飼っている状況を確認してもらったりしましょう。問題がなければ、クレームをつけてきた相手に伝えてもらい、早めのトラブル改善に努めます。

もし、**自分のペットが他人を噛むなどしたときは、すぐに謝罪をして応急手当てをし、軽いけがでも念のため病院へ連れて行きます**。そして、治療費を負担します。後日、頃合いを見計らって経過を伺い、あらためてお詫びしましょう。

もっと
気配り
上手に

贈り物選びのポイント

結婚や出産、入学など、贈り物をする場面は様々あります。相手のことを思って品物を選びましょう。

●迷ったら、本人にほしいものを聞く

お祝いごとの贈り物で悩んだら、贈る相手に何がいいか聞くのがいちばんです。とくに、時計やカバンなど高価なものを贈りたい場合は、好きなブランドや色の好みなどを細かく聞いておくと失敗しません。

希望を聞きづらい場合は、結婚祝いや新築祝いならタオルや食器類、出産祝いなら紙おむつやよだれかけ、入学祝いや就職祝いならハンカチや文房具類といった、実用品を選びます。その際、個性的すぎるデザインは避けましょう。

●贈るタイミングや縁起が悪いものに注意

結婚祝いは結婚式の1週間前まで、入学祝いや就職祝いは入学・入社の前日まで、新築祝いや開店祝いはお披露目の前日までか当日、出産祝いは生後1週間から1か月くらいの間に贈ります。

また、贈り物にはタブーな品もあります。結婚など縁を結ぶお祝いには、「縁を切る」という意味につながるハサミや包丁といった刃物はNG。新築祝いなど建物に関するお祝いでは、灰皿や赤いものなど「火」を連想する品物は避けます。

パート2

公共の場での気配り

その場にいる人が自分の知人や友人でなくても、大人の女性としての配慮が必要です。このパートでは、道端や電車の中といった公共の場でのマナーや周囲の人への心配りを紹介します。

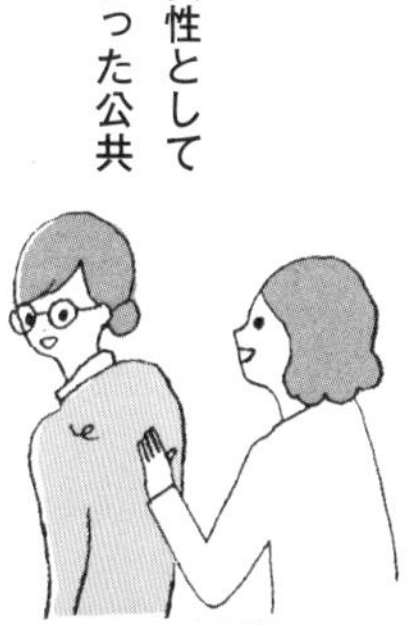

電車内では必要以上に場所をとらない

せまい乗り物の中では、空間をわけ合う心がけが大切

混雑した電車やバスの中では、空いているとき以上に周囲への配慮が必要です。座席へ座る際、7人掛けのシートなら7人が座れるようにします。そのため、隣の人との間隔を詰めずに座ったり、空いた座席に荷物を置いたりするのは避けましょう。また、足を大きく開いて座っている人を見かけますが、女性は膝をそろえて座るのが適切です。

混雑時に荷物を持って乗車するときは、**立っているなら網棚、座っているなら膝の上に置きましょう**。足元に置くときは、通行のじゃまにならない配慮が必要です。リュックを背負ったまま立っていると、奥へ進む人の妨げになります。手に持つか、自分の体の前に抱えるのがいいでしょう。スリに遭う危険性を考慮して、バッグは腕や肩にかけるよりも手で持つほうをおすすめします。ほかにも、大きなスーツケースを持って乗車するときは、なるべく空いた車両を選ぶようにしましょう。

●電車内で、荷物はじゃまにならないように

荷物は膝の上や網棚に載せる。

乗降口の近くに立ったら、降りる人への配慮を

ほかの乗客の乗り降りのじゃまにならないよう、基本的にドア付近には立たないようにしましょう。

また電車やバスにかぎらず、乗降口では降りる人が先、乗る人が後という順番があります。ちなみに、百貨店などの建物のドアでも、外に出る人が優先です。

たまたま混雑時にドア付近にいた場合は、自分が降りる駅でなくても、いったん車外へ出て、降りる人の妨げにならないようにします。

自分が降りるときは「降ります」と、周囲の人にひと声かける気遣いが必要です。

混雑した電車では、傘を体の正面に立てる

傘が周囲の人に当たらないように気をつける

ぬれた傘を持って乗り物に乗るときは、まず乗る前に軽く水気を払い、たたんでベルトをかけましょう。折りたたみの傘の場合は専用ケースやビニール袋に入れます。

他人をぬらしてしまわないように、とくに混雑した車内では自分の体の正面に立てて持ちましょう。腕にかけてもいいですが、先端が飛び出さないように配慮します。

柄の先を自分に向けて腕にかけると、柄が他人の荷物に引っかかったり、傘の先が人に当たったりしません。

●電車内で、傘で他人をぬらさない

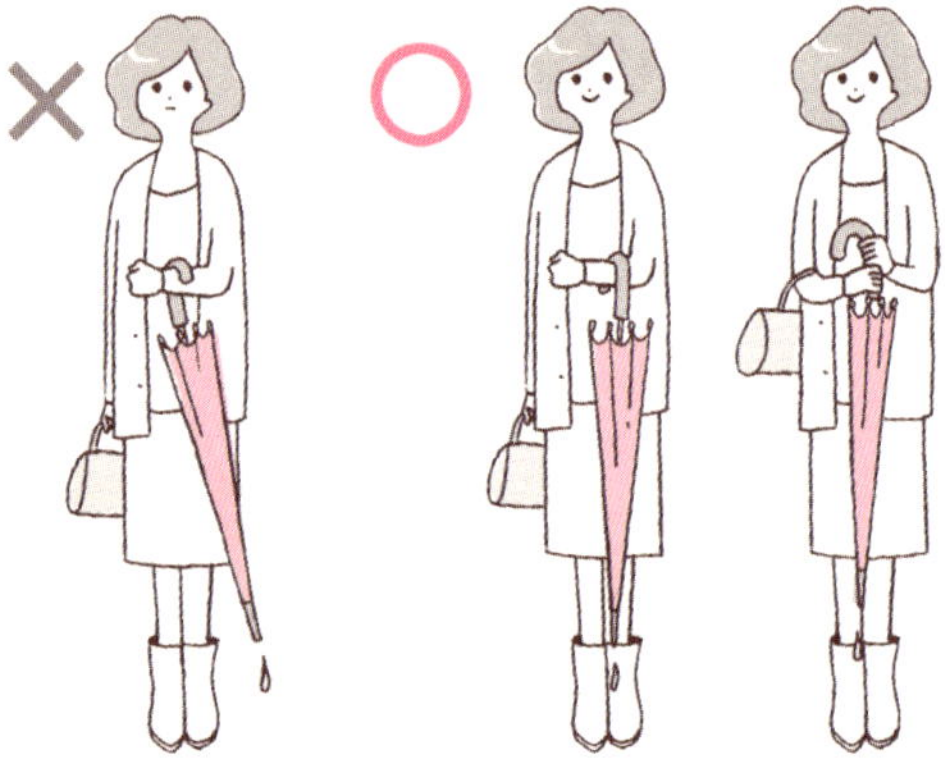

傘は自分の体の正面に立てる。

満員電車では、長い髪はまとめる

相手に不快感をあたえないおしゃれを楽しもう

乗客どうしは、ほんの数十分乗り合わせるだけですが、だからといって周りの人にどう思われてもいいという考えはマナー違反です。

乗客どうしの距離が近いと、つい隣の人の髪の動きに敏感になることがあります。長い髪はもちろんのこと、振り向いたとき他人の顔をたたいてしまうポニーテールや、くしゃみを誘うフワフワした髪型は、本人に自覚がなくても、周囲の乗客に嫌な思いをさせてしまうことがあります。

満員電車の中は、ストレスがかかる空間。**長い髪は下のほうでひとつにまとめたり、頭を大きく動かす動作をひかえたりする**など、ちょっとした気配りも大人の女性として大切なマナーです。さらに、まとめていない長い髪は、ドアの戸袋に引き込まれる危険性があります。ほかの乗客と、短い時間をいっしょにすごす空間だからこそ、おたがいに気持ちよくすごせるように配慮することが必要です。

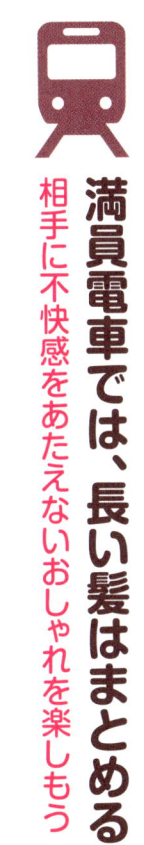

うとうとして隣の人にもたれたら謝る

どうしても寝てしまうなら潔く立つ

電車内でついうとうとしてしまい、隣の人の肩に寄りかかっていた、というときは、すぐ相手に「すみませんでした」と、ひと言お詫びしましょう。気恥ずかしいからと、何も言わず逃げるように席を立つのはマナー違反です。

我慢しても眠気がおさまらないときは、顔をうつむかせるようにしてみましょう。首を窓側に倒して背もたれに寄りかかるのは、公共の場ではあまりいい姿勢ではないので気をつけましょう。

せっかく座れても、隣の人に迷惑をかけてまで座っているのはよくありません。どうしても寝てしまいそうなら、潔く立つのがスマートです。

反対に、**隣の人に寄りかかられたら、少し浅く座り直してみましょう。**そうすると、寄りかかられにくくなり、相手も気づくはずです。どうしても、相手が起きない場合は、勇気を出してトントンと肩をたたいてみてもいいですね。

子どもが泣きやまないときは、いちど下車を

お出かけには時間に余裕をもって

電車やレストランといった公共の場で、小さい子どもが泣き出すと、お母さんは肩身のせまい思いをしますね。

けれども、母親はたとえ動揺しても、落ち着いた声でやさしく子どもに声をかけてあげましょう。もし座れて抱っこができる状況なら、赤ちゃんは安心して泣きやむこともあります。そして周りを見まわして、**「うるさくしてすみません」とひと言かけてみましょう。このちょっとしたひと言で、周囲の人の気持ちもやわらぎます。**

混雑した車内は、赤ちゃんにとって危険なうえ、ほかの乗客に迷惑をかけることもあるので、空いている時間に乗車するのが理想です。

もし車内で子どもが泣きやまないときは、途中の駅で降り、泣きやんでから乗車するとよいでしょう。そのため、とくに言い聞かせがむずかしい幼児や赤ちゃん連れで出かける場合は、時間に余裕をもって出かけましょう。

指定席に他人がいたら、座席を確認してもらう

高圧的な言い方で相手の間違いを指摘しない

電車などの自分の指定席に、他人が座っていた、なんて経験はないでしょうか。そんなとき、相手はたいてい勘違いで座っているので、「あなたの座席番号は何番ですか?」とたずねて、指定席券の番号が合っているか確認してもらいます。

なかには、自由席だと勘違いして座っている場合もありますので、「指定席券をお持ちですか?」と聞いてみてもよいでしょう。

ときどき、指定席券が取れずに、空いている指定席に座る人がいます。そんなときも同様に、**相手に教えるような形で伝えて席を空けてもらいましょう**。その際、たとえこちらが正しくても、高圧的な言い方をすると、トラブルになるおそれがあるので、気をつけます。

相手がどうしても移動してくれないときは、車掌さんに言って確認してもらうのもひとつの手段です。

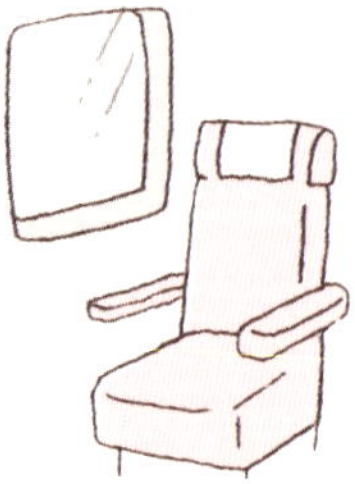

駅で困っている人がいたら声をかける

ひとりで大変な場合は、周りの人や駅員にも声をかける

駅を利用するとき、車いすに乗った人やベビーカーを押す人が、乗降や階段などで困っているのを見かけたことはないでしょうか。

車いすは、車輪の前にほんの数センチの段差があるだけで、前に進めなくなります。ほかにも、券売機の運賃表が見にくかったり、タッチパネルのボタンに手が届かなかったりすることもあります。また、ベビーカーに赤ちゃんを乗せたまま、エスカレーターに乗ったり階段を利用したりするお母さんを見かけると、危険だと感じますね。

そんなときは、「お手伝いしましょうか？」と気軽に声をかけて、**どんなことで困っているのか、どうしてもらいたいかを、本人にたずねてみましょう。**

ただ、助けようとしていきなりベビーカーなどに触れると、相手を驚かせてしまいます。ひとりで手が足りなければ、周りの人にも声をかけたり、駅員を呼んだりするといいですね。

落とし物をした人には落としたものの名前を伝える

相手に気づいてもらえるような声かけを

道を歩いていて、前方を行く人がハンカチや財布などを落としたら何と声をかけますか？　とっさに「すみません」と呼びかけがちですが、それでは声をかけられたのが自分だと相手には気づかれにくいうえに、場合によってはキャッチセールスと誤解されて無視される可能性もあります。

そうならないように、「ハンカチを落としましたよ」とはっきり何を落としたか声に出しましょう。そうすることで、相手の注意を引くことができ、気づいてもらいやすくなります。拾えるようなら、拾って渡すと親切です。**もし相手が気づかず先に進んでしまい、渡しそびれてしまったら、近くの交番に届けましょう。**

外出時に見知らぬ人に突然声をかけられると、たいていの人はびっくりします。何か事件に巻き込まれるのではないかと、警戒される場合もあります。そんな不安を相手に抱かせないためにも、何を落としたかをはっきり伝えることが重要なのです。

道案内をするときは公共物を目印に伝える

土地勘のない人には先に大まかな場所を教える

知らない人に道を聞かれたとき、学校や公園、信号など、わかりやすい公共物を目印にするのが案内のコツです。信号機や交差点、大通り、公共施設を目印にして相手に説明します。ビル名や店名など、見逃しそうなものは避け、できるだけ目立つ公共物を伝えましょう。

「歩いて○分くらいの距離で、大通り沿いにあります」というように、**先に全体像を伝えると相手がイメージしやすい**です。その後で「大人の足でだいたい○分くらいかかる」「路地裏のわかりにくい場所にある」などと具体的に言ってもいいでしょう。ていねいになるあまり、いきなり「50メートル先の雑貨屋さんの角を左に曲がって……」と詳細に伝えても、相手は混乱してしまいます。

もしうまく説明できそうになければ、地図を見せて距離感や方向をつかんでもらうと、より伝わります。それでも伝わらない場合には、近くの交番を教えます。

ビラは笑顔で会釈して断わる

「ありがとう」と気遣うことを忘れずに

ティッシュや商品サンプル、ビラなどを配る人を、往来の激しい街中ではかならず見かけます。配られているものが使いたいものならうれしいですが、不要なものだと対処に困ってしまいますね。

いらないのに断わりきれず、大量に押しつけられてしまうことがあるかもしれません。とくに日本人は「NO」と言うことが苦手な人が多いようですが、不要なものを受け取る必要はありません。

ただ、拒絶を表わすために眉間にシワを寄せて無言で通り過ぎては、自分の品位を下げてしまいます。もらう気がないときには、手の平で軽くさえぎって「すみません、結構です」と笑顔で会釈し、スマートに断わりましょう。

断わる際には、一生懸命にビラを配っている相手に対して、ひと言**「ありがとう」と声をかける**気遣いも大切。そのほうがおたがいに気持ちがいいものです。

配られているティッシュは、もらいに行ってOK

配っている人も、もらってもらえるとうれしい

街中を歩いているとき、ポケットティッシュを配られたら「ありがとう」と言って受け取りましょう。

ちょうどティッシュがほしかったのに、もらえなかった、という経験はありませんか？　そんなときは「**わたしにもいただけますか？**」と気軽に声をかけて、自分からもらいに行っても失礼にはなりません。このとき、感じよく言うようにしましょう。

ポケットティッシュは様々なことに使えるので、そのまま捨てられることはあまりありません。そのため、広告効果が期待できるようです。また配っている人も、受け取ってもらえたほうが、その分早く仕事が終わりますね。

ですから、わざわざ声をかけてもらいに行ったら、むしろうれしいと思ってもらえるかもしれませんね。

しつこいキャッチセールスは、はっきりと断わる

場合によっては交番にかけ込んでもOK

「アンケートお願いします」などと、街中で声をかけられることがありますよね。しつこいキャッチセールスへの対応は、まず早足に歩いて声をかける隙をあたえないことが大切です。話しかけられても無視して歩き続けましょう。

少しでも反応すると、相手に「脈がある」と思われてしつこくついてこられることがあります。**「急いでいます」「人と待ち合わせをしています」「興味がありません」**など、きっぱりと断わります。あいまいな断わり方ではなく、話をさえぎってでも、はっきり断わりましょう。あまりにも度を過ぎた勧誘なら、「警察を呼びますよ！」と言ったり、実際に近くの交番に飛び込んだりするのもひとつの方法です。

ちなみに、未成年者が保護者の同意なく商品購入の契約をしてしまった場合などは、クーリング・オフ期間経過後であっても契約を解除できます。手元にある商品を返せば、全額返金されることになっているのです。

前を歩く人に声をかけて道を空けてもらう

無言で無理やり追い抜くのはNG

幅が広い歩道でも、横一列に並んで道をふさぐように歩くのはマナー違反です。また、急に立ち止まったり背後を確かめずに横切ったりするのも、後続の人にぶつかる危険があります。

歩くペースが遅くて後ろが渋滞しているのに道を空けなかったり、歩道を占領したりしている人たちに遭遇したときは、歩道の左右どちらかの端にいる人へ**「すみません、横を失礼いたします」**と声をかけます。そして、道を空けてもらってから通り抜けましょう。無言で無理やり追い抜こうとすると、ぶつかって危険です。

ほかにも、道路を横断しようとして、車の運転手が先に譲ってくれたら、会釈して感謝の気持ちを示します。このとき、車に向かってするのではなく、ちゃんと運転手の顔を見て会釈すると、相手もよい気分になりますね。

服にゴミがついた人を見たら、声をかける

服装の乱れを教えるのが、人への思いやり

道を歩いているときなど、前にいる人の背中にほこりや髪の毛がついていて気になった経験はありませんか？

本人が気づきにくい場所の服装の乱れは、「ボタンが外れていますよ」「ほこりがついていますよ」というように、ひと声かけて場所を教えてあげましょう。背中など、本人が取ることができない場所なら、取ってあげるようにします。ただ、いきなり取ろうとすると、相手がびっくりしてしまうので、**「ちょっといいですか？」とかならず断わってから**取りましょう。

反対に、自分が指摘してもらったときには、「ありがとうございます」とかならずお礼を言って、服装を整えます。

ほかの人の服装が乱れていたときは、そっと教えるのが親切です。

●知らない人の服にほこりがついていたら……

取るときは
ひと声かけて
ゴミがついているので取りますね

遠慮せず、ひと声かけてからほこりを取るようにする。

指摘が失礼にならないよう注意

服装の乱れでとくに指摘しにくいことは、ズボンのファスナーが開いていることです。気づいても、場所が場所だけにどう伝えていいか困ってしまいますね。

そんなとき、とくに相手が知人なら、「お手洗いに行かれて身づくろいされたほうがよいかも……」と伝えてみましょう。そうすると、何も言わないよりも相手に気づいてもらいやすくなります。

似た例で、相手の鼻から毛が出ていた場合は、周りに人がいない場所で「何かついているようですよ」と言って鏡を渡すといいでしょう。

エレベーターのボタンは積極的に操作する

周りの人が安全に乗り降りできるような心配りを

エレベーターに乗ったときに操作盤の近くに立ったら、すすんでボタンの操作をしましょう。

人が乗り降りするときには「開」ボタンを押して、ドアが途中で閉まらないようにします。ときどき、ドアが閉まりかけたところに駆け込んでくる人がいるので、いちどエレベーターの外を見る気配りをしましょう。

自分が降りる階のボタンを押すときに、**「何階で降りますか？」など、周囲の人に聞いて、その階のボタンもいっしょに押します。**そして自分が降りる階でも、ほかの人が降りるのを待ち、最後に降りましょう。そのときに「閉」ボタンを押しながら出ると、扉が閉まるまでの時間が短縮できてスムーズです。

逆に、自分がほかの人に降りる階のボタンを押してもらったり、降りるまで「開」ボタンを押してもらったりしたときは、きちんとお礼を言います。

エスカレーターでは片側を空ける

ベビーカーを押しているときは、いちどたたんでから乗る

本来、エスカレーターは立ち止まって乗るものですが、都市部などでは急ぐ人が歩けるように、片側を空けるのが定着しています。関東では立ち止まって乗る人は左側、歩行者用に空けるのは右側というのが主流で、関西ではその逆が多いようです。

片側が空いていても、急いでいるからといって走って上り下りしたり、人の間をぬって進むことは、危険ですからやめましょう。**施設によっては、歩行そのものを禁止している場所もあります**。急いでいるときは、階段を利用しましょう。

また、ベビーカーを押しているときには、エレベーターを利用します。仮にエスカレーターに乗るときには、ベビーカーに赤ちゃんを乗せたまま乗ると、ベビーカーの重みで踏み台に圧力がかかり、とても危険です。安全装置が働いて緊急停止する場合があります。そうなると赤ちゃんが危険にさらされるだけでなく、周囲の利用者にとっても迷惑です。赤ちゃんを抱っこして、ベビーカーをたたんでから乗りましょう。

行列に並ぶときは、その場ごとのルールに従う

並び方がわからなければ、並んでいる人に聞くとスマート

街中にあるＡＴＭや駅のホームなどの行列に並ぶ際、最後尾がどこかわからない場合は「こちらが列の最後尾ですか？」と周りの人に確認しましょう。

また飲食店などで、人数の関係から前に並んでいた人よりも自分が先に案内されることがあります。そのときは前の人に**「お先に失礼します」と声をかけましょう。**

並んでいることを知らずにうっかり割り込んでくる人がいたら、さりげなく並んでいることを伝えます。

●いろいろな並び方

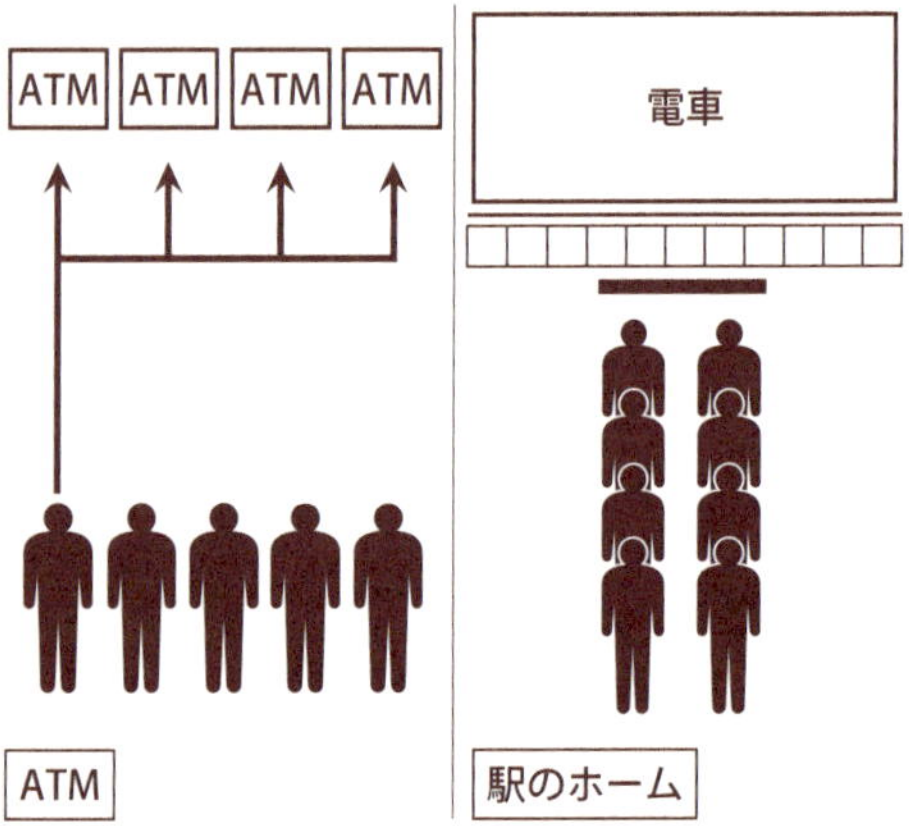

ATMならフォーク並び、駅のホームではラインの内側に2列に並ぶ。

列に割り込まれたら、最後尾を示して指摘する

相手に悪意があると決めつけずに、誤りを教えるつもりで

街中では、様々な場所で列に並ぶ機会があるでしょう。一般的には、まっすぐ1列に並ぶという暗黙のルールが求められます。

けれどもルールを把握できずに、強引な理由をつけて割り込んでくる人を見かけますね。ときには、係員が行列の整理をしようとしても言うことを聞かない人もいます。もし、並び方に明確な指示がされている場所で見知らぬ人に割り込まれたら、相手に最後尾を示して指摘しましょう。

その際、頭ごなしに怒鳴りつけるとトラブルになりかねません。もしかしたら、本人に悪気はなく、気づいていないだけという場合も考えられます。

割り込んできた人には、できるだけ礼儀正しく対応しましょう。「失礼ですが、みなさん並んで順番を待っています」というように冷静に話します。そして「最後尾はあちらですよ」と、平常心で教えるのがポイントです。

相手に、電話していいか聞いてから話す

相手も自分も話しやすい状況であることを確認することが大事

携帯電話にかけるときは、固定電話にかけたときより、相手がどこで何をしているのか状況が読めません。そのため、「今、お話してもよろしいでしょうか？」と、かならず相手に確認し、都合を聞いてから用件を話すようにしましょう。

また、電波の受信状況が悪い場所や混雑した場所で着信したら、すぐに受信状況の安定した静かな場所に移動するか、後でかけ直します。また、レストランなどの人が多くいる場所で電話がかかってきたら、ほかのお客さんの迷惑にならないよう、いちど店外へ出てから話します。

人に電話をかける際にやってはいけないことは、相手の状況がわからないまま長電話をしたり、忙しい時間帯にかけたりすることです。話し込んで、15分以上になってしまったときは、電話を切る前に「つい長電話になって申し訳ありませんでした」とお詫びをしましょう。ちなみに、**電話はかけたほうが先に切ります。**

歩きながら携帯電話の画面操作をしない

周囲の人にとっても危険なことを忘れないで

歩きながら携帯電話やスマートフォンの画面を見て、メールを読んだり送ったりする人の姿をよく見かけます。けれどもこれらは、周囲への注意力が散慢になり、ほかの歩行者とぶつかったり、通行の邪魔になったりする行為です。さらに、階段や駅のホームから転落するといった、重大な事故につながる危険もあります。

とくに子どもや高齢者、妊娠中の女性など、ぶつかったときにとっさに対応できない人との接触は、自分だけでなく相手にとっても危険です。

また、自転車に乗りながら携帯電話やスマートフォンを操作するのも、絶対にしてはいけません。傘を差しながらの運転も同様です。

歩きながらの携帯電話やスマートフォンの操作は、**自分だけでなく他人を巻き込む危険性があることをよく認識して**、安全な使い方を心がけましょう。

人を撮影するときは相手に許可をとる

書店で本を撮影するのはNG

　カメラ付き携帯電話やスマートフォンは、写真や動画を撮ってすぐに送受信できるので、とても便利ですね。ただ、その手軽さから盗撮などに悪用されるケースが増えているようです。

　人物を撮影するときには、かならず被写体の人に声をかけて、同意を得てから撮るようにしましょう。多くの人が知らず知らずのうちに肖像権を侵害してしまっていることがあります。

　たとえば、ブログやＴｗｉｔｔｅｒ、ＦａｃｅｂｏｏｋなどのＳＮＳを通じて、**インターネット上に人の写真を公開するときは、かならず相手に了解を得ましょう。**

　ほかにも、書店で立ち読みをしながら、記事や料理のレシピなど、自分の必要な記事だけを撮影する「デジタル万引き」は禁止です。本以外で、お店の商品を撮影するときには、店員にひと声かけるのがマナーです。

トイレの順番待ち、個室ごとに並ぶのは×

みんなが使う空間だからこそ、マナーと気配りを大切に

日本ではトイレで順番を待つ場合、個室の扉の前や、男性だと使用している人の後ろに並ぶことがあります。けれども、これはマナーとして正しくありません。個室ではなくトイレの入り口あたりで待ち、空いた個室に入るようにしましょう。

並んでいるときに、我慢できそうにない小さな子どもを連れた人やお年寄りが後ろに並んでいるのを見かけたら**「よろしければ、先にお使いになりますか?」と声をかけると親切**。その際、後ろに並んでいる人にも「すみません」とひと言お詫びすると感じがいいですね。

ちなみに、扉が閉まっていたり、扉の表示で人が入っているか判断できたりするときは、とくにノックする必要はありません。ただ、中の人がカギをかけ忘れていることもあるので、空いたトイレに入ったときはノックしましょう。

だれもが使う空間だからこそ、人への気遣いは忘れないようにしましょう。

混んでいたら多目的トイレを使ってOK

次の利用者が快適にすごせるように、設備は元通りに

車いすを使う人にとって利用しやすい広さになっていたり、手すりなどの特別な設備を備えたりした「多目的トイレ」には、「どなたでもご利用になれます」と掲示がされています。けれども、本来は広いスペースが必要な車いす使用者や、高齢者優先のトイレです。多目的トイレは、必要とする人が、快適に利用できるように整備されたトイレ。ですから、そのトイレでしか利用できない人が優先となります。

ただ、もし一般のトイレが混雑していて、多目的トイレが空いていたら使ってもかまいません。ただし使った後は、**トイレのふたやベビーチェア、おむつの交換台を元通りにします。**ベビーチェアなどが開いたままだと、車いすが入りにくいことがあります。

そして、優先されるべき人を長く待たせることのないよう、長時間の利用は避けましょう。

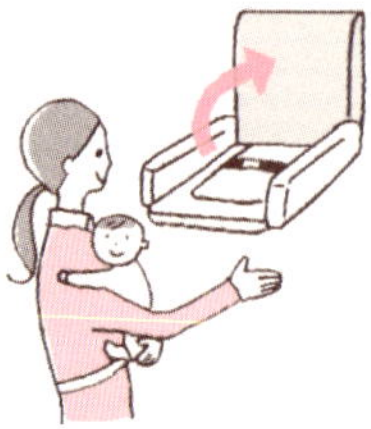

トイレットペーパーは三角に折らなくていい

端をまっすぐ切り、補充を忘れないことが肝心

トイレで、先端を三角に折り込んであるトイレットペーパーを見かけますが、本来は「清掃終了」を意味するので、自分が使用した後に折る必要はありません。

トイレットペーパーの三角折りは、「見た目がきれいで上品」「次の人への心遣いが感じられる」という感覚が浸透しているようです。けれども、実際はマナーではないので、折らなくても問題はありません。反対に、「トイレを使った後の手で三角折りをつくられるのは不潔」と感じて、三角折りをきらう人も多くいます。たしかに、使った後で折るのはきれいとは言えませんね。

それよりも、**トイレットペーパーの切り口を、ぐちゃぐちゃにちぎり取ったりせず、直線に切るほうがスマート**。

また、トイレットペーパーは使い切ったらそのままにせず、次の人がすぐ使えるように、新しいものと取り替えるのがマナーです。

手を洗う人には、化粧直し中でも洗面台を譲る

外見だけでなく、使った洗面台も整えて！

女性は、トイレの洗面台で化粧直しをすることがありますね。ただ、多くの人が利用する公共のトイレでは、周囲への配慮が不可欠です。手を洗いたくて待っている人がいたら、場所を譲りましょう。最初から洗面台の正面より横にずれて化粧直しをすると、手を洗う人に譲りやすいでしょう。

手を洗ったり、お化粧をしたりすると、洗面台はよごれてしまいます。トイレを出る前に、洗面台の周りを確認しましょう。

そして、洗面台を使い終えたら、**飛び跳ねた水や髪の毛、化粧品の粉や液体をティッシュで拭き取ります。**洗面台の周りをきれいに整えて、次の人が気持ちよく利用できるようにしましょう。

トイレで歯をみがくときは、周囲への配慮を

洗面台の独占はNG！　使った後はきれいにする

トイレ内での歯みがきについて、公共の場なのであまりいい印象をもたない人もいるようです。みがき方によっては、歯みがき粉の泡が鏡や洗面台の周りに飛びます。どうしてもみがきたい場合は、**なるべく口を開かないようなみがき方を工夫することが必要ですね。**

トイレが混んでいるときは、周囲に迷惑をかけないよう気を配ったり、洗面台を使った後はきれいにしたりするなど、マナーを守って使いましょう。

さらに、飲食店のトイレでは洗面台がひとつしかないこともあるので、ほかのお客さんの迷惑にならないよう配慮しましょう。

外出先で同行者がいる場合には、お待たせしないよう短時間ですませます。なお、歯みがきができないときには、液体で口をゆすぐ〝口内洗浄剤〟を使うことをおすすめします。

公共浴場の脱衣所では自分の髪の毛を拾う

落とした髪の毛や出したゴミは処理して、その場を美しく

公共の浴場でゆっくりお風呂に入った後、脱衣所で服を着てドライヤーで髪を乾かして帰る――。この間に、周囲の利用者に対してどれだけの気配りができているでしょうか？

とくに脱衣所は、いろいろな人のものが置かれ、多くの人が出入りします。洗面所や化粧台でドライヤーを使うときは、スペースをとりすぎることなく、髪を乾かしたら次の人のために早めに場所を空けましょう。

その際、自分が落とした髪の毛をきちんと拾ってゴミ箱に捨てるのがマナー。**ドライヤーや据え置きの化粧水などを使った場合は元の場所に戻し、洗面台や化粧台を水でぬらしたときは、しっかりと拭き取ります。**髪の毛は、浴場の洗い場や着替えの際などにも落ちやすいもの。他人の髪の毛を踏んだら、気持ちがいいものではありませんよね。自分が落とした髪の毛は、拾って処分するようにしましょう。

洗い場を使い終わったらきれいにする

洗い場では周りの人や次に使う人への気遣いを忘れない

公共浴場の洗い場にあるシャワーや水道の蛇口は、使える個数やスペースがかぎられています。そのため、利用者どうしのものや場所の譲り合いが大切です。

空いている洗い場があったら、自分のスペースとして、イスと洗面器を用意します。そのイスと洗面器はひとりひとつ。そして、浴槽に入る前に体や髪の毛を洗います。その後、浴槽につかるときは、床や蛇口に飛び散った泡を洗い流し、次の人が気持ちよく使えるようにします。床に泡などが残っていると滑りやすいので、しっかり洗い流しましょう。自分のものを置きっぱなしにせず、使い終わったイスと洗面器は元の場所に返し、持ち物は浴室のすみに置くようにします。

同様に、浴場が混んでいるときは、洗い場や浴槽、ジャグジーなど1か所に長く留まらないようにします。**子どもやお年寄りがいるときは、みんなで見守り、必要なときは手を貸してあげる**といいでしょう。

脱衣所から洗い場までは前を隠して歩く

同性だけの浴場でも、女性らしい恥じらいや気配りを忘れずに

温泉や銭湯の脱衣所で、裸を隠すことなくイスに座ってくつろいでいる人がいますが、あまり見た目のいいものではありません。お風呂上がりは体が熱いかもしれませんが、せめてタオルで前を隠すなどしましょう。

脱衣所から浴場まで行くときも、タオルで前を隠して歩きます。浴場内では、浴槽に入る前に、体を流すのがマナー。そのとき、立ったままお湯をかぶったり、体や髪の毛を洗ったりすると、周囲の人にお湯や泡を飛ばしてしまうので気をつけましょう。

体の泡を十分に落としたら、浴槽につかります。このとき、タオルは浴槽の縁に置き、湯につけないようにしましょう。髪の毛が長い場合もアップにして、湯につけないようにします。

同性どうしの浴場でも、**女性らしい気遣いは忘れないようにしましょう。**

更衣室や脱衣所へは体を拭いてから戻る

洗い場やシャワールームには、タオルや手ぬぐいを持参して

温泉や銭湯、スポーツジムなどの脱衣所で、床に落ちた水滴で靴下がぬれてしまった、なんてことはありませんか？　洗い場やシャワーから出た後、タオルできちんと体を拭かずに脱衣所に入る人がいると、床がぬれてしまいます。洋服や荷物がぬれるうえに、足を滑らせたら大きなけがにもつながります。温泉や銭湯には、小さな子どもからお年寄りまでいますから、安全面はとくに注意したいものです。

ぬれてしまうからといって、洗い場にタオルを持って行かない人がいます。けれども、洗い場から出る前に体を拭くことは、脱衣所の床をぬらさないだけでなく、湯冷めの防止にもなります。

薄手のタオルや手ぬぐいなら、ぬれてもすぐに水気を切ることができますから、風呂場に1枚持って入るといいでしょう。**バスタオルをビニール袋に入れて、じゃまにならないところに置いてもいいですね。**

病院内で「ひそひそ話」はNG

適度な声のボリュームで、明るい話題を

病院内でのNGマナーで、少し意外に感じるのは「ひそひそ話」です。自分では、周りに気を遣って静かに話しているつもりでも、それが逆に相手に嫌な気持ちをあたえてしまうことがあります。

入院している患者さんは、ほかの患者やお見舞いで訪れた人が声をひそめて話していると、**「自分の病状について話しているのではないか」と思ってしまいます。**聞こえないように話していることで、「病状がよくないのでは？」という不安をあたえてしまうのです。

だからといって、大声で話すのももちろん配慮に欠ける行為です。どうしても会話がはずんでしまったら、可能な場合は外に出るのがいいでしょう。

病院は、多くの人が様々な理由で訪れる場所です。周囲の人に不安や不快な思いをあたえないように、十分な気配りが必要です。

●病院内で話すときは……

私の病状について
話してるのかしら
うるさいっ！

必要以上に小さな声や大きな声で話すのは、マナー違反。

ネガティブでなくポジティブな話題を

病院で会話するときは、話すときの声の音量だけでなく、話す内容にも気をつけましょう。

たとえば、病気や亡くなった人の話といったネガティブなものは避けます。話している相手だけでなく、ほかの患者も不安にさせてしまいます。

ネガティブな話題よりも、ポジティブな話題を持ち出すよう心がけましょう。

また、自分がだれかのお見舞いに行くときには、足音が響くようなハイヒールを履いたり、じっとしていられないような小さな子どもを連れて行ったりするのも避けましょう。

もっと気配り上手に

お祝いで渡す金額のポイント

結婚式でご祝儀を渡す際は、新しい門出にふさわしい祝儀袋と金額で、お祝いの気持ちを表わしましょう。

●縁起の悪い数字は避ける

結婚式のご祝儀の金額は、新郎や新婦との関係によって変わります。仲人《なこうど》から贈る金額は5～10万円、親戚や兄弟、姉妹、甥、姪に贈る場合は5～10万円、いとこやそのほかの友人に贈る場合は3、5万円が目安です。

偶数は避け、奇数の額を贈ります。ただ、「2」はペアのおめでたい数字とされているので、2万円を贈るのはOK。「4万円」や「9万円」は、「死」と「苦」につながるので、贈ってはいけません。

●水引の結び方にも注意

ご祝儀は、のし付きの祝儀袋に入れ、いちど結んだらほどけない「結びきり」（右のイラスト）の水引《みずひき》を用います。

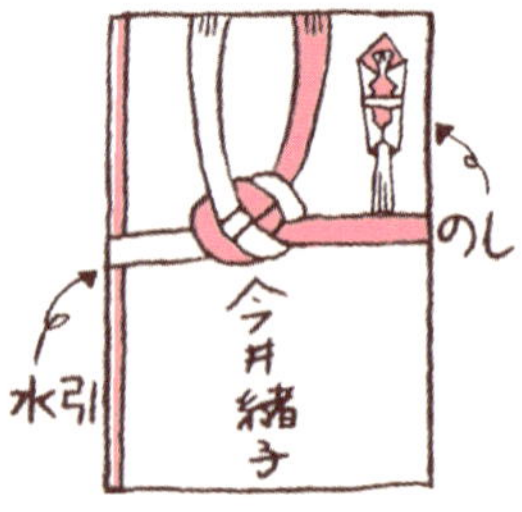

ちなみに、ほどいて結び直せる「蝶結び」は、出産のような何度あってもおめでたいことに使いますが、結婚祝いには不向きです。

加えて祝儀袋に書く数字は、書き直される心配がないよう「壱《いち》」「弐《に》」「参《さん》」「拾《じゅう》」「萬《まん》」「圓《えん》」のような旧漢字を使うこともできます。

パート3

お客様としての気配り

スーパーやレストラン、映画館など、私たちが「お客様」として迎えられる場所はたくさんあります。ここでは、そのお店や施設で働く人や、ほかのお客さんに対しての気配りを紹介します。

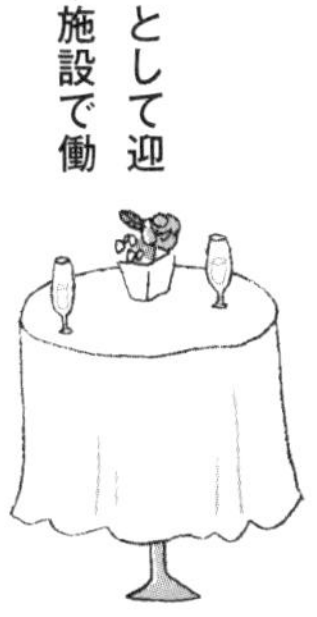

商品を取るときは棚の手前から

奥にある商品を取ったり商品を触りすぎたりしない

スーパーマーケットで買い物をするときには、より新鮮で賞味期限が先の商品を選ぼうと思いますね。

ただ、賞味期限が近い商品が売れ残って期限が切れてしまうと、廃棄処分になってしまいます。そのため、スーパーなどでは、陳列棚の手前から賞味期限の近い商品を並べ、奥にそれより新しい商品を並べています。

棚の奥から賞味期限がまだ先の商品を引っ張り出すのは、マナーとしては不適切。加えて、奥に手を伸ばすため、**手前の商品をむやみに触ったり、きれいに並べてある商品を散らかしたりする可能性もあります。**

また似た例として、果物や野菜が食べ頃かどうか確かめようとして、商品を指で押すなどの行為もマナー違反です。他人が必要以上に触った商品を買うのは、あまり気持ちがいいものではありませんね。

レジに並ぶとき、かごを足で押すのはNG

見た目にも不快！　使うのは自分だけでないことを意識して

スーパーのレジに並んでいると、商品が入ったかごを床に置いて待つ人をときどき見かけます。そして列が進むと、そのかごを足で押して前に詰める姿もあります。これは行儀の悪い、絶対にやってはいけない行為です。

かごの中身は、人の口に入る食べ物です。それを、一時的とはいえ床に置くことは、見ている人が気持ちのいいものではありません。まして、足で押すのは品のないことです。そして、お店のかごは利用者みんなで使うもの。床に置いたり足で押したりしたかごは、不衛生です。

もし大量に買い物をして、レジを待つのがつらいならカートを使いましょう。店舗によってはカートがないところもあるかもしれません。床に置くのは仕方がないとしても、せめて前に進むときは手で持ち上げます。

買い物かごは、みんなが食品を入れるものですから、清潔にあつかいましょう。

席を替えたいときはクッションになることばを添えて

ていねいな言い方で、スタッフへの気配りを

　レストランで案内された席が、「日差しが強くてまぶしい」とか「冷暖房の風が直接当たる」といった場合には、席を替えてもらうよう、お店のスタッフに申し出ましょう。その際には「申し訳ありませんが、あちらの席に替えていただけますでしょうか？」と、クッションになることばを添えて、依頼する形で伝えます。

　はじめから座りたい席があれば、スタッフに**「あちらの席に座れますか？」**と、聞いてみましょう。ただ、店によっては、お客さんをどの席に案内するかを、コース内容などで区別している場合があります。

「お金を払う客なのだから、サービスを受けるのは当たり前」という横柄な態度で接するのは、美しくありません。スタッフへの気配りを忘れずにことばかけをすれば、気持ちよく食事を楽しめますね。

コートはテーブルのそばに行く前に脱ぐ

テーブルの近くでは、ほこりなどを落とさないよう気をつける

レストランに到着したら、店内でコートを脱ぎましょう。ただ、テーブルの近くで脱ぐのはNG。コートについたほこりなどが、テーブルに落ちてはいけないからです。そのため、テーブルのそばに行く前にコートを脱いでおき、お店に預けたり、イスの背もたれにかけられるようまとめたりしましょう。

貴重品以外の荷物は、クロークがある場合はそこに預けます。**貴重品などが入る小さなバッグを、あらかじめ用意しておくとスマート**ですね。クロークがない場合は、お店のスタッフに預けます。

レストランで食事する際は、料理の香りを損なうようにおいのきつい香水や、食器を傷つけるおそれのある大きなアクセサリーなどは、避けるようにします。和食のお店は靴を脱ぐ場合もあるので、素足は避け、ストッキングを穿《は》きましょう。伝線しても対応できるように、バッグには替えを用意しておくと安心です。

注文とは別の料理が来ても、やさしく伝える

新しく料理をつくり直してもらったら、お礼を言う

飲食店で、頼んだメニューとは違う料理が出てきたとき、まずは「頼んだものとは違う」という旨を、やんわりとお店のスタッフに伝えましょう。

そして**「せっかくつくっていただいたのですから、これをいただきます」**と言ってみましょう。そうすることで、気遣いをしつつ店員に間違いを指摘することができます。ほかのテーブルと間違えて、料理を運んでいる場合もあるので、かならずスタッフに伝えましょう。

そして正しいメニューをつくり直して持ってきてもらったら、スタッフにお礼を言います。つくってもらったことに対する労いの気持ちを表わしましょう。「すみません、わたしの注文が聞き取りにくかったかもしれません」とつけ加えるといいですね。

お店によっては、サービスをプラスしてくれたり、よりていねいに接客をしてくれたりします。そのことに対しても、会計のときなどにお礼を言いましょう。

トイレに行くときは、料理と料理の合間に

楽しい会話の雰囲気を中断してしまうことも

食事中にトイレに立つのは、行儀が悪いこととされています。外で人と食事する場合は、できるだけ食前にすませておくのが基本。入店してすぐか、注文して料理が出てくるまでの間などがいいでしょう。途中でトイレに行くのは、単に清潔ではないだけでなく、せっかく盛り上がった会話を中断してしまうことがあるので、避けます。

どうしても、食事の途中で行きたくなった場合は、同席者に「ちょっと失礼します」と言って席を外します。そして戻ったときには、「失礼しました」と言って軽くお辞儀をしてから席に着きます。タイミングは料理と料理の合間か、デザートが出て来てからがいいでしょう。

胃腸の弱い人は、**生野菜や刺激物、冷たいものを避けたり、量を少なめにしたりする**など食事に気を遣ったほうがいいかもしれませんね。事前に整腸剤を飲んでおくのもいいでしょう。

食事のペースは同席者に合わせて

テーブルで同じペースだとお店がサービスしやすい

外で人と食事するとき、大切にしたいことのひとつは、食べるペースです。基本的には同じテーブルで食べている人に合わせます。

いっしょに食事している相手に、自分の食べるスピードが極端に遅いと思わせてはいけません。自分の食べるペースが遅いと思ったら、少し早めに食べるように意識しましょう。反対に、自分の食べるペースが速いと思ったら、ワインなどを楽しみながら少し料理を残して、食事のペースを落とします。友だちどうしなら**「わたしは食べるのが速いので、みんなはゆっくりどうぞ」**などと断わってもいいでしょう。

ひとつのテーブルで、みんなの食べるペースが違うと、スタッフはサービスがしにくくなってしまいます。そうしたお店への気配りが、無理なくさりげなくできると素敵ですね。

自分が支払うときには、化粧室をすすめて

会計のとき、もたつかないように心がける

食事の後の支払いは、スマートにすませたいものですよね。とくにゲストを招いたときは、食事が終わったら「失礼します」と断わって、化粧室に立つふりをして支払いをすませます。

逆に、食事に招待されたら、同席者が支払いをしている間、入口か店外で待つようにしましょう。はじめからごちそうしてくださるとわかっているときは、「ごちそうさまです」と素直にお礼を言います。逆に自分が会計をするときには、同席者に化粧室をすすめて、その間に会計をすませるといいでしょう。

友だちどうしの食事での会計時に、「ここは、わたしが……」「いいえ、わたしが……」と押し問答になっている様子を見かけることがありますが、あまりスマートとはいえません。どうしても自分が支払いたいときには、**「今回は、わたしに支払わせてください。その代わり次回はお願いします」**と伝えます。

クレームはお店の人にこっそり耳打ちする

お店のためにも、何かあればきちんと伝える

レストランで食事しているとき、料理の中に異物が入っていたり、食器がよごれていたりすると、がっかりしてしまいますね。

けれども、感情的になってはいけません。落ち着いて、店員にこっそりと耳打ちするのがスマートな対応です。ほかのお客さんへ配慮をすることにもなります。会計のときなどの、帰りぎわに伝えるという選択肢もありますね。

もし、納得のいく対応をしてもらえなかったときは、チェーン店ならお店のホームページからメールで伝えることもできます。お店は、お客さんからの不満を受け、同じクレームを繰り返さないことで、顧客満足度を向上させようとします。

クレームは、言うほうが感情的になると、相手に正しく伝わりにくくなります。**何が問題で、どう改善してほしいのかをきちんと伝える**ようにしましょう。

落とした食器は自分で拾わない

スタッフに対応してもらうのが、お店への気配り

レストランで食事しているときに、スプーンやフォークを落としてしまったら、スタッフに声をかけて新しいものを持って来てもらいます。そして落とした場所を知らせて、拾ってもらいます。

このとき、自分で拾い上げるのはマナーとして不適切です。というのも、テーブルの下に頭を入れることで、頭をぶつけてテーブルの上のものを動かしたり、女性のスカートの中をのぞいているように思われたりするのを避けるためです。また、食事中に床に手を触れてしまったら、衛生的にもよくありませんね。

もし床に食べ物をこぼしてしまったら、スタッフを呼んで掃除をしてもらいます。少量なら、食事が終わってから知らせます。**ほかのお客さんの迷惑にならないよう、騒がず目立たないように伝えましょう。**

ビュッフェでは食べる料理の順番を意識する

順番通りに食べるのも、おいしく味わうコツ

立食やビュッフェスタイルでの食事で、自分の好きなものを好きなだけ食べられるといっても、最初からデザートを取るのは、マナーとして適切だとはいえません。料理はオードブルからデザートまで、コースのすべてがメインテーブルに並べられているのが一般的です。ですから、コースを食べるときのように、前菜、スープ、メイン、サラダ、デザートの順番で食べるのがマナーとして正解。普段コース料理を食べ慣れていなくて、**食べる順番がわからない場合は、料理を時計まわりに取るようにしましょう**。そうすると、コースの順番になります。

立食パーティーの場合、会場には立食用の小テーブルがいくつか設置されているので、その近くで食べましょう。けれども、場所を独占するのは禁止です。立食用のテーブルは、代わる代わるみんなで使うものです。譲り合う気持ちを忘れずに、料理を楽しみましょう。

●ビュッフェ形式での食べる料理の順番

コース料理と同じで、前菜から食べはじめる。

がっつくのは大人の女性として×

ビュッフェ形式のレストランでママ友とランチをすることもあるでしょう。けれども、「ビュッフェ＝食べ放題」という感覚でいると、大人の女性として品位を欠くことになりかねません。

食べる料理の順番を守ることも、マナーのうちのひとつです。また、たくさん食べられるように、食事を抜いてくる人もいますが、それでは空腹を満たすことに意識が集中してしまいます。そうすると、せっかくの友人とのランチもおいしく楽しむことはできませんね。

ビュッフェ形式のお店でも、人との会話を楽しみながら、料理を味わいましょう。

並べられた料理は端から取る

ほかのお客さんに配慮して、料理はきれいに取る

ビュッフェ形式の食事では、大皿に盛られた料理を端から取るのがマナーです。これを守らずに、いろいろな場所から取ると料理の形がくずれて、せっかくきれいに盛られた料理が台なしになってしまいます。

料理を取るのに使うものが、サーバーと呼ばれる、大きめのスプーンとフォークです。片方の手でうまく使えなければ、取り皿をテーブルの上に載せて両手を使ってもかまいません。このサーバーは料理ごとに置かれているので、使ったものを、ほかの料理を取るのに使うのは避けましょう。

そして、**自分が食べきれる分だけを取ります**。ただ、取りすぎたからといって、大皿に戻すのは、ＮＧ。少しずつ取り、もう少し食べたいと思ったら、また取りに行けばいいのです。そして料理を取ったら、すぐその場を離れましょう。いつまでも立ち止まっていると、ほかの人のじゃまになり迷惑がかかります。

ビュッフェでは、皿に載せる品数に注意

料理を山盛りにするのは×

取り皿は、料理を1回取りに行くごとに1枚使います。よごれたお皿を使いまわすと、料理の味が混ざってしまうだけではなく、見た目にも美しくありません。

いちどに皿に盛る料理は、2、3品が目安です。**皿のラインの内側に盛りましょう。**

また、料理の風味が損なわれるので、温かい料理と冷たい料理をいっしょに盛るのは避けます。ソースがかかっているものは、ほかの料理と混ざらないように、1品につき1皿使ってOKです。

●盛りすぎに注意!

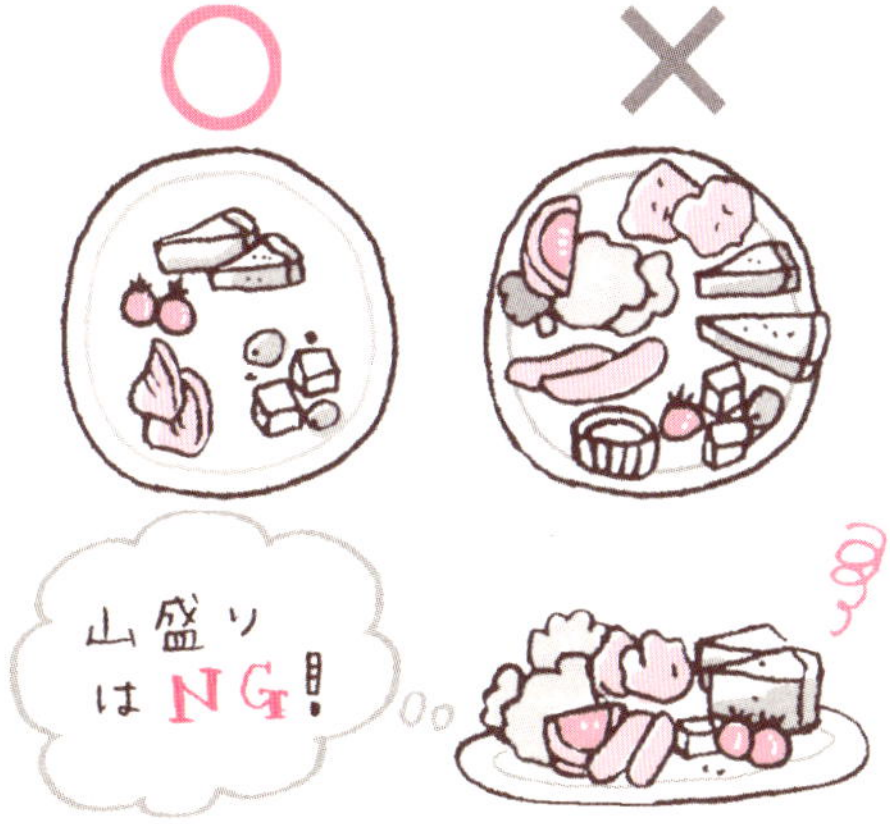

1皿につき2、3品を皿のラインの内側に盛りつける。

同席者の分まで料理を取らない

それぞれが食べたい料理を取るのがビュッフェ

ビュッフェ形式の食事のとき、おいしそうな料理を見つけたからといって、同席者の分までテーブルに持って戻るのは、マナーとして不適切です。親切心でついやってしまいがちですが、食べたいものを自由に選ぶのがビュッフェです。同席者も自分が食べたいものを取るので、おせっかいはしないことです。

それにもし、料理が口に合わなかったり、量が多かったりして、相手が料理を残してしまったら、その同席者に恥をかかせることになってしまいます。**食べられる量を自分の責任でおのおの取るようにしましょう。**

また、両手に皿を持つのもはしたなく見えるので、やめましょう。たくさんの料理をいちどに運ぶのは、皿を落としたり料理をこぼしたりといったトラブルの元です。

同席者がいても列に割り込むのはNG

料理に気を取られて場の空気を壊さないように

ビュッフェは好きな料理を楽しむものですが、人気の料理には列ができることが多々あります。自分の食べたい料理に気を取られて、列に割り込んでしまうことのないように気をつけましょう。

人が並んでいる列の途中に、同席者を入れてあげる人を目にします。けれども、その列に並んだほかの人たちからすれば、いい気分はしませんね。

料理を取りに行こうとして列が混んでいるようなら、**飲み物や会話を楽しんで、大皿の周りが空くまで待つ**ようにしましょう。

さらに立食パーティーの場合は、いろいろな人との会話を楽しむことも、大人の女性としてスマートにこなしたいものです。友人・知人どうしで固まって盛り上がるのではなく、初対面の人とも話すようにします。

同席者といっしょに食べはじめる

料理によっては先に食べてもOK

友人・家族・恋人など、親しいだれかといっしょに行くことが多いビュッフェでは、席に着いたらまず料理を取りに行きます。そしてテーブルに戻ってから、同席者を待って同時に食べはじめるのがマナーです。料理が目の前にあって、すぐに食べはじめたいところですが、いくらビュッフェ形式といっても通常のレストランと同じだということを忘れないようにしましょう。

ただ、温かいものなど時間の経過によって味が損なわれてしまう料理の場合は、先にいただいてもいいでしょう。「冷めないうちに、どうぞ」と、**食べる本人が困る前に周りの人がすすめるのがスマート**です。

料理をおいしいうちに食べるのは、料理をつくってくれたシェフに対しての礼儀でもあります。

料理を取りに何度も席を立つのは○

皿の料理を食べ終わってから、次の料理を取る

食事中に何度も席を立つのは一見はしたないように感じますが、ビュッフェ形式の食事では、マナーとして正しいこととされています。

反対に、料理を取りに行く回数を減らそうとして、たくさんの料理をいっきに持って来るほうが不適切です。料理が載った皿を、テーブルいっぱいに並べないようにしましょう。そして、目の前にある皿に料理が残っている間は、次の皿を取りに行かないようにします。そして席を立つときは、**自分ひとりではなく同席者といっしょに立つのがマナー**です。

また、立食パーティーでは、立食だからといって歩きながら食べるのはマナー違反。たくさんの人が食べ物や飲み物を持って移動するので、ぶつかったりすると危険です。突然立ち止まったり、振り返ったりするのも禁物です。周囲の状況を把握して、大きな動作をしないよう、気をつけて歩きましょう。

皿に紙ナプキンを置けば下げてもらえる

食べ終わったら、ナプキンはサッとたたむ程度でOK

着席して料理をいただくとき、ナプキンはふたつ折りにして膝の上に置きましょう。そしてビュッフェでは、食べ終わった皿に使用ずみの紙のナプキンを置くと、サービススタッフに対して、「皿を下げてほしい」という合図になります。ちなみに、イスの上にナプキンを置くと「戻って来る」という合図です。

また、帰る際には、ナプキンをテーブルの上に置きます。このとき、**ナプキンをきちんとたたむのは店やスタッフに対して失礼にあたる**ので、注意しましょう。さりげなくササッとたたむ程度にします。食事中に、たとえ洋服をよごしたくない場合でも、首からナプキンを下げるのは子どもがすることなので、避けましょう。

ちなみに、欧米には握手の習慣があるので、立食の場合は、右手をいつも空けておきます。そのため、グラスと皿は左手に持つのが基本とされています。ビールやジュースなどの冷たい飲み物の場合は、紙ナプキンでくるんで持つと滴《しずく》が垂れません。

食べ終わった皿を重ねるのはマナー違反

専用のテーブルに置くか、スタッフに直接渡す

料理を食べ終わった皿を、そのままテーブルの上に置いていると、余分なスペースをとってしまいますね。そのため、何枚か皿を重ねてテーブルの上をすっきりさせようとする人がいます。皿が重ねられていれば、食べ終わっていることがひと目でわかり、スタッフにとっても下げやすくなるでしょう。けれどもこれは、品のない行為とされています。

お客さんが勝手に皿を重ねたら、皿に傷がついてしまうかもしれません。ちなみに、大皿の料理が並べてあるメインテーブルに、皿を置くのも避けましょう。専用の小テーブルに置くか、スタッフに手渡して下げてもらいましょう。

小テーブルに置いたとき、完全に皿が空でないと下げてもらえないこともあります。そういったときは、スタッフに「下げていただけますか?」と声をかけましょう。

棚の前に人がいたら、ひと声かけて商品を取る

たくさんの人が見る洋服。大切にあつかうのが大人のマナー

洋服店で気になる商品を見つけたとき、その棚の前に立ち止まっている人がいて困った、ということは多くの人が経験しているのではないでしょうか。いくら見たいからといって、無言で人の前へ手を伸ばすのはマナーとして不適切です。無理に割り込まず、ひとまず様子を見ます。しばらくしても、その人が棚の前から離れなかったら「前を失礼します」とひと声かけて、商品を取りましょう。

その後、手に取った商品を元の場所に戻すのが、次に見る人に対する配慮です。その際、店員がたたんだものとまったく同じ状態にする必要はありません。軽くたたむ気配りをしましょう。また**試着しても買わないときは、勝手に売り場へ戻さず、店員へ渡す**のが一般的です。

お店では、1枚の洋服でも多くの人が触ったり試着したりします。訪れた人だけでなく、お店の人も気持ちよくいられるよう心配りしましょう。

案内のしつこい店員は笑顔＋お礼でかわす

しつこいようなら、お店に投稿するのも一案

洋服店で「どんなものをお探しですか？」と店員に声をかけられたとき、「ひとりでゆっくり見たい」と感じることがありますね。けれども、無視したり無愛想な対応をしたりするのは、よくありません。「いろいろと見たいので、今は案内は結構です。ありがとう」と笑顔で答え、案内に対するお礼を店員に伝えるのが大人の対応です。

それでも、あれこれとすすめてくるようなら**「ひとりで考えさせてくださいますか」「何かあったら、こちらからお声をかけます」**など、はっきりと伝えましょう。それでも、あまりにもしつこくされて不快なら、お店のご意見箱にその旨を書いて入れるなどしてもいいですね。

ただ、商品の説明や服の組み合わせのアドバイスなどをしてくれる店員さんもいるので、情報収集ができるというメリットもあります。

服を買わないときは「イメージと違った」と伝える

試着をさせてもらったら、買っても買わなくてもお礼を言う

洋服を試着した後で店員に返すとき、「せっかく試着をさせてもらったのに、買わないのは申し訳ない」と思う人が多いのではないでしょうか。けれども、試着をしないと自分に似合っているか、サイズが合っているかなどがわかりませんね。

購入するかどうかを判断するために試着をするのですから、試着後に買うのをやめてもまったく問題はありません。

買わないときは、「少し考えます」と言って戻すといいでしょう。そうすれば店員を不快にさせず、またそれ以上すすめられることも少ないです。**試着をさせてもらったのですから、店員には不愉快な思いをさせないように気を遣いましょう。**

ほかにも、着てみたら気に入らなかったという場合には、「わたしがイメージしていたものとは違ったみたいです」と「自分」を主語にした主観を伝えると角が立ちません。このときも、試着をさせてもらったことへのお礼は伝えます。

美容師を変えたいとき、ほかの人にしていいか聞く

気まずくなったら、美容院を変えてしまう手も

担当の美容師が決まっていても、「たまには違う美容師に切ってもらいたい」と思うことはありませんか？

そんなときは、**「今までと少し雰囲気を変えたいので、担当を変えてみたいんです。別の人にお願いしてもいいですか？」**と聞いてみましょう。言いにくければ、予約時に伝えたり、担当の美容師の休日をさりげなく聞き、後でその日に予約を入れたりしてもいいでしょう。

または、「カットは○○さんで、カラーは△△さんでお願いします」とくわしく希望を出してもＯＫです。

急に担当を変えてしまうと、何となく今までの担当の人に申し訳なく思ったり、気まずくなったりするのが嫌で、なかなか言い出せない人もいるかもしれません。もし、気まずい雰囲気になってしまったら、思い切って美容院を変えるのもひとつの手です。

髪型が気に入らなければ具体的な指摘を

事前に写真などを示すと相手がイメージしやすくなる

美容院で仕上げが終わり鏡を見たとき、自分が期待した髪型ではなかったり、理想のイメージとかけ離れていたりしたことはありませんか？　そんなときは、どこがどう気に入らないのか、はっきり美容師に伝えましょう。「指摘してもらったほうがうれしい」という美容師の声も多くあります。

けれどもそうならないよう、最初に注文するときにできるだけ具体的に「こうしてほしい」と提示しましょう。またていねいに口で説明するよりも、なりたい髪型やイメージしている髪型の写真を見せたほうが、美容師に伝わりやすくなります。

さらにいうと、**美容師は、お客さんが着ている服やメイク、その総合的なイメージに合わせて髪型を整えます。**仕上がった後に、指摘して思い通りの髪型にすることはもちろん大切ですが、事前に準備して注文通りに仕上がったほうがおたがいに気持ちがいいですね。

マッサージを断わるときは理由を伝えて

予約を入れるときに伝えてもOK！

美容院には、施術が終わると、肩や首まわりなどのマッサージをしてくれるお店がありますｂ。けれども、マッサージが苦手だったり、時間がなかったりで省いてほしいときもありますよね。

美容院のマッサージはあくまでもサービスなので、断わっても失礼にあたりません。そんなときは「マッサージが苦手なんです」「今日は時間がないので結構です」というように、理由を述べることが大切です。「今日はあまり凝ってないので結構ですよ。どうもありがとう」と、サービスを提供してくれた美容師への感謝の言葉を添えましょう。

毎回マッサージを断わるのは気が引けるという人は、**予約を入れたときや、入店時に担当の美容師に伝えておいてもいいでしょう。**また、担当の美容師が男性の場合、マッサージは女性スタッフにしてもらうようにお願いすることもできます。

特定の雑誌を読みたいときは、雑誌名を伝える

会話のなかで、さりげなく自分の趣味や好みを伝えて

美容院では、お客さんが着ている服や会話の内容から、ファッション誌や女性週刊誌などの雑誌を美容師が選んで渡します。もし自分の好みと違った雑誌を渡されても、我慢する必要はまったくありません。「○○や△△はありますか?」と、**読みたい雑誌名を具体的に伝える**のがよいでしょう。

言いにくい場合は、美容師と会話するとき、よく買うブランドや雑貨など、自分の好みをさりげなくアピールしてみるのもいいですね。お客さんと渡した雑誌が合っていないことに気づいて、「何がいいですか?」と聞いてくれる美容師さんもいます。

もし、雑誌を読みたくなければ、手渡されたときに「ありがとう」とひと言お礼を言って、カットの様子を眺めたり、美容師さんとおしゃべりをしたりしてもかまいません。

美容師との会話は「ありがとう」などからスタート

髪の悩みを相談してみるのも○

「どんな会話をすればいいのか」「聞かれたくない話題になったら困る」などと心配になってしまい、美容師とうまく会話ができないという人もいるでしょう。**もし話すのが苦手なら、予約時に「あまり会話をしたくない」と伝えておくと、気**分的に楽です。あるいはその場で、「人見知りなので初対面の人と話すのは苦手です」と言ってもいいでしょう。

気まずいからと無理に話題を振ろうとはせず、髪をきれいにしてくれたことに対して「ありがとう」とお礼を言うことから、コミュニケーションをスタートさせるとよいでしょう。

美容師は毎日お客さんを相手に、いろいろな会話をしています。髪のプロであると同時にコミュニケーションのプロでもあります。あまり固くならずに、髪の悩み相談など、聞きやすいことから会話のきっかけを探してみるのもいいですね。

連れが遅れて来る場合は受付にチケットを預ける

困ったことがあったら受付に相談を

観劇のために待ち合わせをしたら、友人が遅刻。自分がチケットを預かっている場合、どうすればいいのでしょうか？

そんなとき、ともに携帯電話を持っていれば、連絡を取り合って、どうするのかを相談します。もし先に入っていてもよいということなら、友人の分のチケットは劇場の受付に預けます。

チケットは金券なので、受付には自分の名前と友人の名前を伝えます。どちらかが携帯電話を持っておらず、預ける前に友人とやりとりができなかった場合は、受付のスタッフに友人の外見の特徴などを伝えておくといいでしょう。開演後にやって来た友人が困っていたら、スタッフが声をかけてくれるかもしれません。

あくまでも友人といっしょに見たいなら、友人が来るまで受付前で待ち、スタッフの指示に従って途中入場しましょう。

はじめて会う相手には、自分の特徴を明確に伝える

最近では、インターネットでチケットの売買を約束し、当日会場でチケットを手渡したり、ネット上で出演者のファンどうしが知り合い、いっしょに公演を見に行ったりすることがあるようです。

そうした、知らない者どうしではじめて会うとき、事前に知らせておきたいのが待ち合わせの時間や場所、連絡先はもちろん、おたがいの性別や外見的な特徴です。

「40代」「やせ型」「背が低め」「おとなしそうな感じ」といった特徴は、人によって基準が違います。できれば、先に挙げた特徴に加えて、「赤いバッグを持っている」「緑色の帽子をかぶっている」というように、服装や持ち物の色や形を伝えるといいでしょう。いくら具体的に「○○というブランドのカバンを持っている」と伝えても、ファッションにくわしい人でなければわかりません。単純で、だれでもわかるような特徴を伝えましょう。

インターネットで知り合った人と実際に会うのは、どんな人が来るのかわからない怖さもあります。可能なかぎり、明るい場所を選んで待ち合わせをしたり、友人についてきてもらったりして会うようにしましょう。

コンサートで遅刻をしたら、案内係に従う

繊細な音を楽しむ場。物音を立てないよう細心の注意を

クラシックコンサートが行なわれる会場は、小さな音もいちばん後ろまで聞こえるように設計されています。そのため、足音や荷物を床に置く音、咳やくしゃみなどすべてが響くので、不用意な音を出さないようにしましょう。

演奏中は会場への出入りができないので、遅刻をしたときは、案内係の指示に従って、出演者がステージに出入りするタイミングや楽章と楽章の間などに入ります。なるべく足音を立てないように歩き、静かに席に着きましょう。

演奏中にトイレに行きたくなったときも、曲が終わるまで、もしくは楽章間になるまで我慢して、席を立つようにします。

クラシックコンサートは大人の娯楽とされているため、子どもを連れて行くのはひかえます。最近は子ども向けの本格的な演奏会などもありますから、そうした機会を利用するようにしましょう。

左右の肘掛けを使うときは隣の人を見て判断

座席の肘掛けは使い方に決まりなし。左右の空いているほうを使う

劇場の座席についた肘掛け。左右どちらを使っていいものか、悩んだことはありませんか？　映画館だと、肘掛けにドリンクホルダーがついているのが大半なので、利き手側の肘掛けを使いたいと思うかもしれません。

実際のところ、左右どちらの肘掛けを使うのかに決まりはありません。どちらかといえば、右利きの人が多いせいか、右を使っている人が多いようです。最近は、幅の広い肘掛けも登場し、両隣から使えるようになっているところもあります。

肘掛けを使うときは、ひとりで左右両方を使ったり、肘が隣にはみ出したりしないように気をつけましょう。

隣の人がどちらかを使っていたら空いているほうを使い、両方使われていたら「これは自分の肘掛けだ」などと主張せず、我慢したほうが平和にすごせます。おたがいが気持ちよく鑑賞できるように、譲り合って使いましょう。

映画のエンドロール中に退席するのはOK

静かに荷物をまとめ、人の視線をさえぎらないように退席

映画の本編上映中の出入りは避けるのが大人のマナーです。ただ、エンドロールが流れはじめてからの退席は個人の考えや都合により行なってもいいようです。けれども、作品の余韻に浸りたい、俳優やスタッフの名前をチェックしたいという観客もいますから、周りへの気配りは忘れないようにしましょう。

もし、**エンドロールが流れているときに退席するつもりなら、あらかじめ後部席や通路側の席を選んでおく**のもおすすめです。

席を立つ際は、手早く荷物をまとめ、上着を着る、携帯電話の電源を入れるといった行為は、劇場の外で。観客の視線をさえぎらないように、腰をかがめて歩きます。映画がはじまる前や終わった後に座っている人の前を通るなら「すみません」と声をかけますが、エンドロールの途中なら必要に応じて声をかけましょう。前後の席の間隔に余裕がある場合は、座っている人におしりを向けないようにも気をつけます。

劇場やコンサート会場での内容批判はNG

自分以外にも観客がいることを意識して楽しい空間づくりを

映画や演劇、コンサートなどの会場に入ったら声をひそめ、携帯電話やスマートフォンの電源は切りましょう。携帯電話はマナーモードにすればいいと思うかもしれませんが、バイブ音は響いて耳障りなものです。**携帯電話のディスプレイの光も鑑賞の妨げになります。**

見終わった後、だれかといっしょに鑑賞した場合は「楽しかった」など好意的な感想を。とくに相手に誘われたときは、よかった部分を見つけてほめましょう。おもしろくなかったとしても、会場で批判的な感想を言うのはNG。会場には、出演者の知り合いやファンもいるかもしれません。

また、自分が見た作品の内容について、人に話したり、ネットに書き込んだりしたくなったら、あくまでも個人的な感想に留め、物語の結末を明かさないように注意しましょう。

美術館などでは1か所に長く立ち止まらない

目当ての作品をじっくり見たいときは、空いている時間を選んで

美術館や博物館の展示で、気になる作品をじっくり鑑賞したいということもあるでしょう。ただ、混雑しているときは、1か所に長く立ち止まらないようにするのがマナー。特定の展示物をじっくり鑑賞したい場合は、平日の午前中など、空いている時間に行きましょう。

館内は、ほとんどの場所が撮影禁止になっています。**個人の展示会などで、とくに断わり書きがない場合でも、関係者の許可を得てから写真を撮るようにしましょう。**

基本的に展示物は静かに鑑賞し、触るのも禁止されています。けれども、実際に手に触れたり感想を言い合ったりして楽しむ展示もあります。ギャラリーなら作家がいる場合もあるので、作品について質問をする機会を得られるかもしれません。

それぞれの会場で展示の意図を理解し、その場に合った方法で鑑賞しましょう。

演奏や演技の最中に声を出して場を乱さない

静かに聞く、声援を送るなど、場の雰囲気に合わせた行動を

舞台やコンサートで、大好きな役者やアーティストが目の前にいたら、気持ちが高まりますね。ただ、出演者や周りの観客に迷惑をかけることがないよう気をつけます。出演者がステージぎりぎりのところに立ったり、客席の通路を通ったりすることがありますが、その際に**服をつかんだり、体を触ったりしないように**しましょう。

またコンサートでは、トークやバラードのときにアーティストの名前を叫んだり、演奏中に大きな声で歌ったりすることは、その場の雰囲気を乱すことにつながります。アーティストによっては、お決まりの声のかけ方や振りつけなどがあるので、周囲に合わせて行なうと一体感が得られます。

ステージには、多くの出演者が登場します。自分のお目当ての人だけに関心を寄せるのではなく、作品全体を楽しむようにすることで、より温かい会場の雰囲気が生まれ、出演者のパフォーマンスにもよい影響をあたえるでしょう。

出演者へのプレゼントは食べ物がNGのことも

何かをプレゼントしたいとき、受付可能か事前に確認を

舞台などの出演者に差し入れをするとき、ポイントがあります。

出演者が知り合いで、楽屋まで行くことができたり、関係者に差し入れを預けたりできるような間柄であれば、相手が好きなものや、出演者とスタッフがみんなで食べられるものなどを用意するといいでしょう。

差し入れる品は花束やお菓子が無難ですが、ほかの観客も似たものを差し入れていると考えると、しょっぱいものや栄養ドリンクといった少し変わったものが喜ばれるかもしれません。劇団など身内で打ち上げをするような場合は、お酒もおすすめです。

いっぽう、出演者と面識がなく、いちファンとして何かをプレゼントしたいときは、**まずプレゼントを当日に受け付けているのか確認しましょう。**会場や主催者の方針によって、ファンからのプレゼントを受け付けない、生花や日持ちのしない食べ物などは受け付けないといった決まりがあります。

イスの座り心地を試したいときは店員に断わる

休憩のために、商品に座るのは×

家具店のイスや家電量販店のマッサージチェアなどは、実際に座ってみないと購入するかどうか決められませんね。商品のイスに座ることは、けっしてマナー違反ではありません。ただ、お店の人にひと言断わってから座るほうが無難です。

ときどき、ソファに座ったまま携帯電話をいじったり、マッサージチェアに座ったまま眠ったりしている人を見かけますね。このように、ただの休憩として商品に座る人もいます。自分がそうするのはもちろんＮＧですし、自分がそうだと思われないためにも、店員に声をかけてから座り心地を試したほうがいいでしょう。

そのほうが、店員に商品の要望を伝えたり、アドバイスしてもらえたりして、より自分の希望に適った商品を購入することができるでしょう。

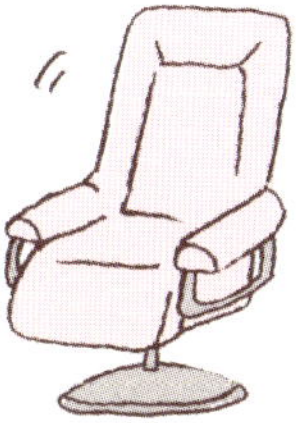

受診するときにマニキュアや香水は×

診察の妨げにならないような装いを心がけて

病院で受診するときは、マニキュアや香水をつけないようにしましょう。加えてエチケットとして、清潔感のある格好でのぞみます。

医師は問診の際に、顔やつめの色などを見ます。また、体臭にも異常がないか確認することもあるそうです。

それらを濃いお化粧で隠してしまっては、医師は正確な診断ができなくなります。ただ素顔では失礼なので、身だしなみとして薄化粧を心がけましょう。

そして、マニキュアやペディキュアを落としてから、診察を受けるようにします。

また、病院には具合が悪い人が来ています。香水の強い香りで、余計に体調が悪くなる人もいるでしょう。**自分が受診する人の付き添いであっても、香水は振らないようにしましょう。**

●病院で受診する際には……

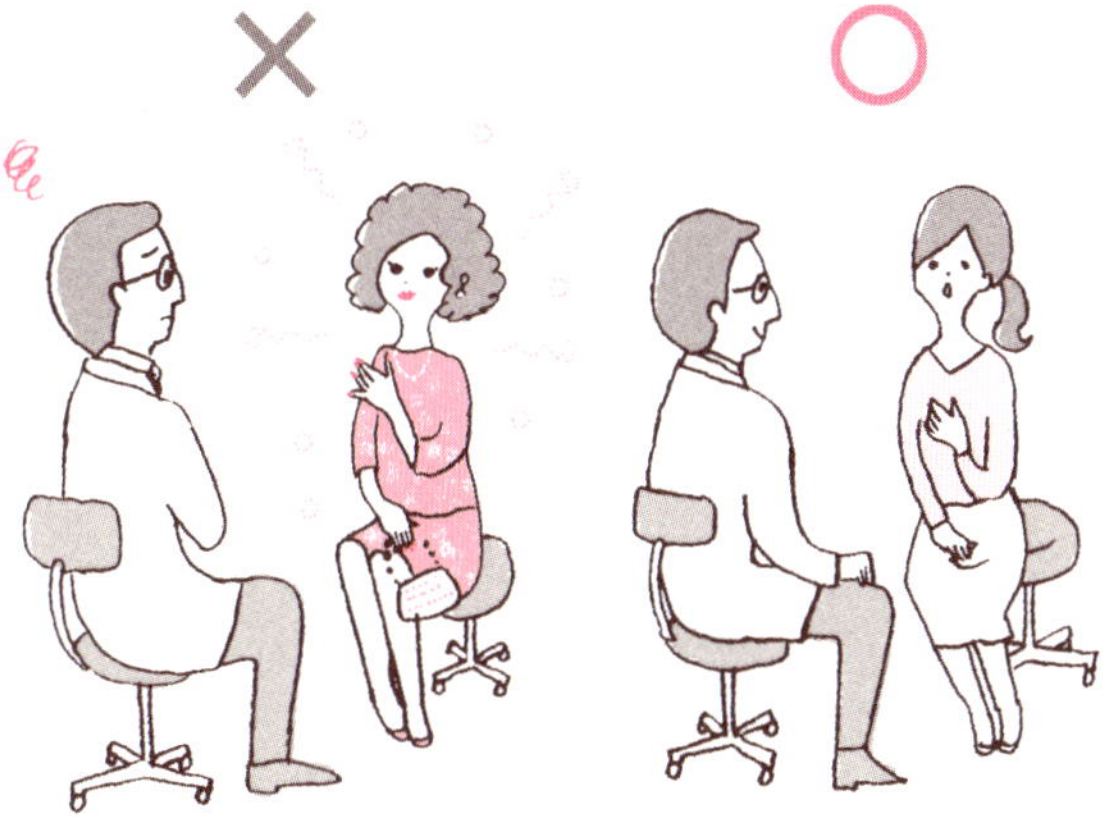

濃い化粧やマニキュア、香水は避けて診察を受ける。

診察がスムーズになる衣類を身につけて

病院で受診するときに気をつけたいポイントは、衣類は下着を含め、清潔なものを身につけること。加えて、着脱しやすい服装にしておくと、診察や検査がスムーズになります。

体を締めつけるような下着や、その類のものはつけないようにしましょう。もし、産婦人科を受診する場合は、スカートを穿いて行くほうがよいでしょう。

髪が長い人は、まとめられるようなゴムやヘアアクセサリーを用意しておきます。イヤリングやピアスなどの華美な装飾品は、診察前に外しておきましょう。

事前に了解を得てからお見舞いに行く

患者の負担にならないようなお見舞いを心がける

友人から入院の知らせを受けたら、入院直後や手術後1週間以内の訪問は遠慮します。けがの場合はすぐに駆けつけて話し相手になってもいいですが、事前に家族や本人の了解を得てから行くのが礼儀。その際大人数で行くと、相手をつかれさせたり、同室の人に迷惑をかけたりするので、多くても3人くらいにしましょう。

面会時間は10~15分程度で、長くても30分以内に留めます。食事や治療、入浴の時間帯は避けるのもマナーです。そして、「やせた」「顔色がよくない」といった、相手が落ち込むようなことばや、本人を前にして家族を労うことも避けます。もし、相手の体調がすぐれないときは、面会は遠慮し、お見舞いの品は家族に渡しましょう。

お見舞いに花を贈る場合は、「死」や「苦」を連想させるシクラメンや、花全体が落ちる牡丹、弔辞に使われる菊、血の色を思わせる赤い花は避けます。桜やひまわり、コスモスなど、季節を感じられる花が望ましいでしょう。

介護施設訪問はスタッフと入居者への配慮を

家族が暮らしている場所の雰囲気をくずさない

有料老人ホームには、たくさんのスタッフや入居者がいます。入居している家族に会いに行くときは、施設の人たちへの配慮を忘れないようにしましょう。

施設のスタッフには、自分の家族がお世話になっていることに対する感謝のことばを伝えましょう。スタッフとよい関係を築くと、家族の生活もより快適になります。

ほかの入居者がいる共用の場所での、話し声の大きさや話題にも気を配ります。訪問した家族が、ほかの入居者を不快にさせるようなことがあると、入居者どうしの人間関係を悪くしてしまうことがあるので、気をつけましょう。

夜間に訪問する場合は、施設によってはスタッフが少ないため、事前の連絡が必要です。施設によって、様々な規則があるのでかならず守るようにしましょう。また、入居している家族への配慮として、訪問した際に施設への不満や要望などを聞き伝えるといったことも大切です。

監修者紹介

岩下宣子（いわした・のりこ）
マナーデザイナー。共立女子短期大学卒業。現代礼法研究所代表、NPO法人マナー教育サポート協会理事長。企業をはじめ、学校、公共団体など、多方面にわたるマナーの指導に活躍。伝統的なマナーを現代に合わせた形にデザインし、提案する。
『大人の気くばり＆マナー950』（永岡書店）、『冠婚葬祭 しきたりとマナー事典』（主婦の友社）、『一行で覚える できる大人のふるまい方』（講談社プラスアルファ文庫）、『あなたの人生を変える 日本のお作法』（自由国民社）、『お祝い・お悔やみ・特別な日のマナー』（PHP研究所）など、著書・監修書多数。

● Staff
編集構成　造事務所
文　田中美和、山口幸恵
デザイン　蕪野ゆう子
イラスト　ふじいふみか
DTP　伏田光宏

装幀　上野かおる
装画　もりたのりこ

「感じのいい人」がしている大人の気配り

2015年3月18日　第1版第1刷発行
2018年1月31日　第1版第5刷発行

監修者　岩下宣子
発行者　安藤　卓
発行所　株式会社PHP研究所
京都本部〒601-8411 京都市南区西九条北ノ内町11
内容のお問い合わせは〈教育出版部〉☎075-681-8732
購入のお問い合わせは〈普及グループ〉☎075-681-8818
印刷所　図書印刷株式会社

ISBN978-4-569-82191-7